초등학생이 알아야 할
참 쉬운 심리학

라라 브라이언, 로즈 홀, 에디 레이놀즈 글

팀 브래드포드 그림

우리는 왜 이렇게
생각하고 행동할까요?

프레야 해리슨 디자인
제이크 레이놀즈, 제니 톨 감수
신인수 옮김

차례

심리학이란 무엇일까요?   4
탐구할 것이 아주 많아요   6
답을 찾아서   8
심리학과 가까운 분야   10

제1장 실험   13
심리학자들은 사람들이 어떻게 생각하고, 느끼고, 행동하는지 질문을 던져요.
그런 다음, 그에 대한 답을 어떻게 시험하는지 알아보세요.

제2장 마음의 핵심 기능   23
우리는 어떻게 주위를 감각하고, 언어를 배우고, 뭔가를 기억하는지 알아보세요.

제3장 깊이 생각하기   45
우리는 어떻게 판단하고 결정을 내릴까요?
그리고 우리가 내리는 판단과 결정은 늘 옳은지 생각해 보세요.

제4장 사람들 사이의 차이   59
사람은 모두가 특별해요. 하지만 아주 비슷하기도 하지요.
심리학자들은 사람들 사이의 차이를 어떻게 규정하는지 알아보세요.

제5장 계속해서 성장해요   79
우리는 아주 작은 세포에서 아기로, 어린이로, 어른으로 바뀌어요.
'발달'에 대해 알아보세요.

제6장 우리는 사회적 동물이에요   89
우리 행동이 주위 사람들에게 어떻게 영향을 받는지 알아보세요.

제7장 뇌와 정신 건강   109
우리의 뇌를 살펴보고, 뇌 질환과 뇌 손상, 그 밖의 여러 가지
정신 건강 문제를 살펴보세요.

다양한 심리학 분야   125
낱말 풀이   126
찾아보기   127
이 책을 만든 사람들   128

지금부터 여러분을
인간 심리학이라는 새로운 세계로 안내할게요.
인간이 얼마나 **멋진 존재**인지 알게 될 거예요.

인터넷에서 자료 찾기

어스본 바로가기(usborne.com/quicklinks)에 방문해서
검색창에 **'psychology for beginners'**를 입력해 보세요.
우리의 감각이나 기억, 성격과 관련된 게임과 퀴즈 등
심리학에 대해 좀 더 많은 정보를 찾을 수 있어요.

'어스본 바로가기'에서는 인터넷 안전 지침을 지켜 주세요.
어린이가 인터넷을 사용할 때는 보호자의 지도가 필요합니다.

심리학이란 무엇일까요?

심리학은 우리를 둘러싼 세상을 우리가 어떻게 경험하는지,
왜 그런 방식으로 생각하고 느끼고 행동하는지를 탐구하는 과학이에요.
심리학에서 어떤 내용을 다루는지 이해하기 위해,
먼저 *여러분 자신*이 경험하는 것을 생각해 볼까요?

여러분이 이 책을 읽는 이 순간 무슨 일이 일어나고 있나요? 아주 많은 일이 동시에 일어나고 있을 거예요.

여러분 머릿속을 지나가는 생각들

책을 읽다가 떠오른 어떤 기억

코에 훅 끼치는 저녁밥 냄새

옷에서 느껴지는 감촉

덥거나 춥다고 느끼거나, 아니면 그 중간 어디쯤으로 느낄 거예요.

이 책의 글을 읽기 위해 글자 기호 이해하기

행복하거나, 흥미롭거나, 재미있다는 기분을 느낄 거예요.

잠시 앉아 있어 보세요. 또 무엇을 알 수 있나요?

우리는 우리를 둘러싼 세상을 다섯 가지 감각을 통해서 알 수 있어요.
보고, 듣고, 만지고, 냄새 맡고, 맛보는 감각이지요.
우리 뇌는 이런 감각들로부터 정보를 받아서 우리 주변의 모든 것에 반응해요.

아하하하, 그만해! 간지러워!

음. 너무 캄캄해. 앞이 안 보여.

펑 터지는 소리 들었어?

하지만 이런 감각이 전부는 아니에요.
여러분의 경험에는 다음과 같은 것들도 영향을 미쳐요.

감정

좋아하거나 싫어함

결정

기억

꿈

한다

안 한다

이 밖에도 많아요. 이 모든 것은 뇌가 만들어 내고
함께 작용해서 사람들이 **마음(정신)**이라고
생각하는 것을 형성해요.

심리학자들은 마음을 연구해요.
마음이 몸과 어떻게 상호 작용하는지,
마음이 어떻게 우리 행동에 영향을 미치는지
이해하려는 거예요.

탐구할 것이 아주 많아요

심리학 연구를 직업으로 하는 사람을 **심리학자**라고 해요.
심리학에서 다루는 질문은 아주 많아요.
심리학자들은 다양한 질문 중에서 자신이 조사하거나 연구하고 싶은 질문을 골라요.
심리학에서 다루는 질문은 크게 다섯 분야로 나눌 수 있어요.

1 마음(정신)의 핵심 기능

우리가 어떤 경험을 할 때, 마음은 어떻게 정보를 흡수하고 저장할까요?

어떻게 하면 시험을 더 잘 볼까요?

왜 어떤 것은 기억하고 어떤 것은 기억하지 못할까요?

아기들은 어떻게 언어를 배울까요?

2 생각하기와 행동하기

감정이 우리 생각에 어떤 영향을 미칠까요?

우리는 세상을 어떻게 이해하고 결정을 내릴까요?

왜 때때로 나쁜 결정을 내릴까요?

다양한 질문

세상에는 다양한 심리학자가 있어요. 그런데 사실 많은 심리학자가 *같은* 분야를 연구해요. 각자 *다른* 질문을 던질 뿐이지요. 예를 들어, 심리학자들은 저마다 기억에 대해서 다음과 같은 질문을 던질 수 있어요.

뇌 손상은 기억에 어떤 영향을 끼칠까요? 나는 **인지 신경 과학자**예요. 우리 몸, 특히 우리 뇌가 마음과 행동에 어떤 영향을 끼치는지 살펴봐요.

간식으로 쥐를 훈련할 수 있을까요? **비교 심리학자**는 인간을 다른 동물과 비교하면서 인간을 탐구해요.

3 감각하기

사람은 다섯 가지 '감각'을 통해 세상을 어떻게 인지할까요?

왜 어떤 사람은 수학을 잘하고, 어떤 사람은 미술을 잘할까요?

4 독특한 개인

사람들은 저마다 어떻게, 왜 다를까요?

감각 하나를 잃으면 경험은 어떻게 변할까요?

눈에 보이는 모든 것을 믿어도 될까요?

방이 지저분하면, 방 주인의 성격은 어떨까요?

5 다른 사람과 소통하기

주변에 사람들이 있을 때 우리는 어떻게 행동하고, 어떤 식으로 관계를 맺으며, 다른 사람에 대한 견해를 어떻게 형성할까요?

왜 사람들은 인종 차별을 할까요?

사람들은 무리 속에 있으면 다르게 행동할까요?

다른 사람들의 기대가 우리 행동에 영향을 줄까요?

아기들은 언제 사람들의 얼굴을 알아보기 시작할까요? **발달 심리학자**들은 사람들이 자라나면서 어떻게 변하는지에 관심이 있어요.

이야기를 바꾸어서 말하면 내 기억에도 변화가 생길까요? 나는 **사회 심리학자**예요. 다른 사람들과 함께 있는 게 우리에게 어떤 영향을 끼치는지에 초점을 두고 연구해요.

심리학자들이 던지는 질문은 여러분이 궁금해하는 질문과 비슷할 수 있어요. 그런데 심리학자들은 어떻게 한 걸음 더 나아가서 답을 찾아낼까요?

답을 찾아서

심리학자들이 답을 찾아가는 방법은 여러 가지예요.
어떤 방법을 선택할 것인지는 질문에 따라 달라져요. 몇 가지 예를 살펴보세요.

질문
시골에 사는 사람이 더 행복할까, 도시에 사는 사람이 더 행복할까?

방법: 물어보기
사람들의 의견과 느낌을 알 수 있는 빠른 방법은 **설문 조사**를 하는 거예요. 이러한 질문이라면, 지금 사는 곳에 만족하는지 사람들에게 물어보세요. 더 자세한 대답을 듣고 싶다면 인터뷰를 할 수도 있어요.

질문
아이들은 누군가 시키지 않아도, 얼마나 자주 서로 도울까?

방법: 관찰하기
이러한 질문이라면 아이가 어린이집에서 생활하는 모습을 관찰해요. 심리학자가 일상적인 상황에서 사람들이 어떻게 행동하는지 관찰하는 것을 **관찰 연구**라고 해요.

이거 줄까?
고마워!

질문

힘든 일을 재미있는 일처럼 보이게 만들면, 사람들이 참여할 가능성이 더 커질까?

방법: 실험

심리학자들은 **실험**을 하기 전에 어떤 답이 나올지 짐작해 봐요. 그런 다음 상황을 만들어서 생각한 답이 맞는지 테스트해요.

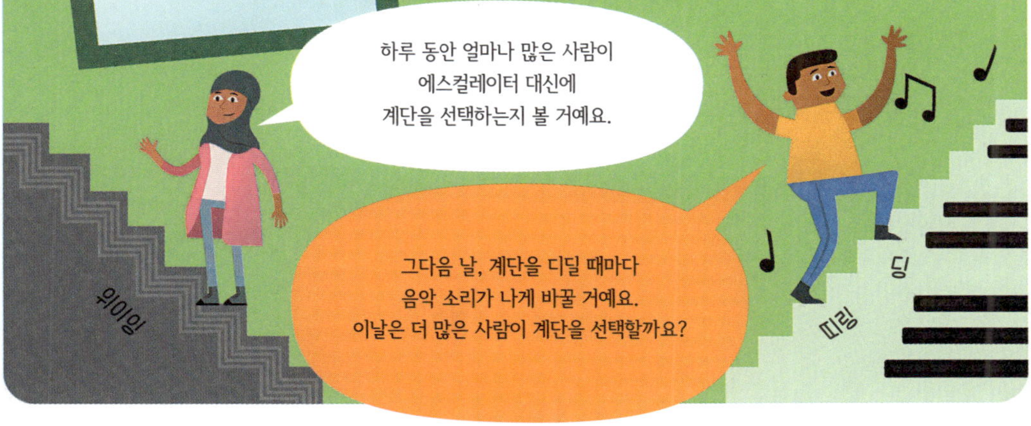

하루 동안 얼마나 많은 사람이 에스컬레이터 대신에 계단을 선택하는지 볼 거예요.

그다음 날, 계단을 디딜 때마다 음악 소리가 나게 바꿀 거예요. 이날은 더 많은 사람이 계단을 선택할까요?

결과

심리학자들은 자신이 발견한 사실을 보고서로 써요. 심리학자들이 발견한 사실은 새로운 무언가를 증명하는 것일 수도 있고, 사람들의 평소 생각을 확인해 주는 것일 수도 있어요. 그러고 나면 그다음엔 또 어떤 테스트를 해야 할지 알 수 있어요.

결과 활용하기

심리학자가 발견한 사실을 현실 생활에서 실제적인 문제를 해결하는 데 활용하기도 해요. 이런 분야를 **응용 심리학**이라고 해요.

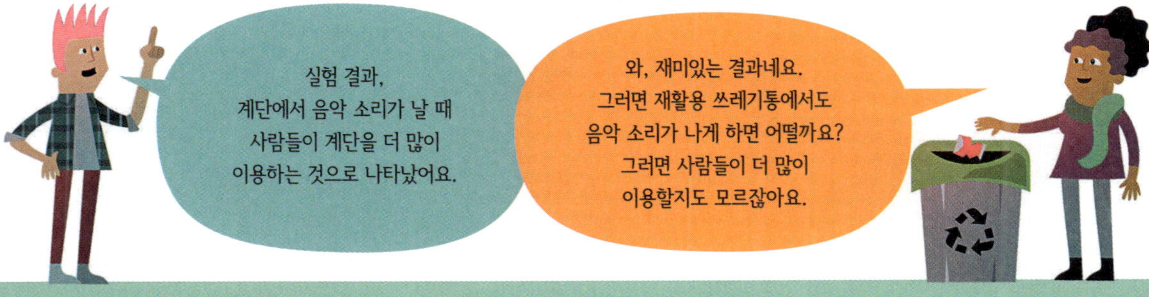

실험 결과, 계단에서 음악 소리가 날 때 사람들이 계단을 더 많이 이용하는 것으로 나타났어요.

와, 재미있는 결과네요. 그러면 재활용 쓰레기통에서도 음악 소리가 나게 하면 어떨까요? 그러면 사람들이 더 많이 이용할지도 모르잖아요.

이 책에는 응용 심리학의 사례가 많이 나와 있어요. 여러분도 이 책을 읽으면서, 문제를 해결할 때 심리학을 활용할 수 있는 *자신만의* 방법을 찾아보세요.

심리학과 가까운 분야

심리학자들만 전문적으로 사람의 마음과 몸을 탐구하는 일을 하는 것은 아니에요.
심리학과 겹치는 분야도 많고, 다른 분야의 연구에서 서로 배울 때도 많아요.

심리 치료사

정신 질환을 앓고 있다면,
심리 치료사에게 도움을 받을 수 있어요.
사람들은 자신이 겪고 있는 문제와
과제 등에 대해 체계적인 방식으로
심리 치료사와 이야기를 나누어요.

심리 치료사가 되려면,
먼저 심리학을 공부해야 해요.

정신과 의사

정신과 의사는 정신 질환을 앓는
환자를 치료해요. 심리 치료사와는 달리,
정신과 의사는 약을 처방할 수 있어요.

뇌에는 사람의 기분에
영향을 주는 화학 물질들이 있는데,
약물로 화학 물질에 영향을 주어서
환자를 치료해요.

신경 과학자

신경 과학자는 뇌와 **신경계**를 연구해요.
신경계는 신경들의 연결망으로,
뇌와 신체 다른 부분 사이에 신호를 전달해요.

심리학자와 신경 과학자는
뇌가 어떻게 우리의 마음이나 행동과
상호 작용하는지 연구해요.
그래서 분야는 다르지만,
같은 질문을 던질 때가 많아요.

이 해마는 아주 큰데요!

해마는 뇌의 한 부분이에요.
택시 기사들처럼 길을 많이 아는 사람들은
해마가 다른 사람들보다 클 때가 많아요.

신경과 의사

신경과 의사는 뇌와 신경계에 생긴
문제를 진단하고 치료해요.
예를 들어, 수술로 치료하는 뇌외과 의사가 있지요.

신경과 의사들은 환자를 치료하기 위해서
신경 과학자들이 밝혀낸 사실들을 활용해요.

메스 주세요.

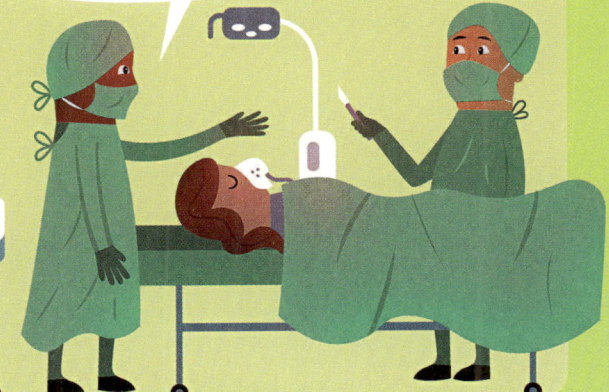

심리학을 비롯해 관련 분야들은
서로 협력해서 인간이 삶을
경험한다는 것이 무엇인지
그려 낸답니다.

하지만 심리학자들이
발견해야 할 것이
여전히 아주 많이 남아 있어요.

제1장
실험

인간이 어떻게 작동하는지 이해하는 가장 좋은 방법은,
사람들이 어떻게 생각하고, 느끼고, 행동하는지 살펴보는 거예요.
적어도 심리학자들은 그렇게 믿고 있어요.

심리학자들이 가장 흔하게 사용하는 방법은 실험이에요.
질문을 던지고, 예측되는 결과를 실제로 테스트할 방법을 찾지요.

이번 장에서는 2018년에 스페인 바르셀로나의 심리학자인
유디트 카스테야가 자신의 연구진과 함께 실제로 행했던
실험을 살펴볼 거예요.

질문 찾기

모든 실험은 질문에서 시작해요. 질문에 대한 영감은 어디서나 얻을 수 있어요.
다른 사람들을 만날 때나 책을 읽다가 떠오를 수도 있고,
자신이 했던 경험에서 생길 수도 있어요.

연구자들은 응급 상황일 때는
불안이 뇌의 기능을 많이 차지해서,
위험에 집중하도록 만들기 때문이라고 설명해요.

나도 그 내용을 읽었어요. 그런데 내가 읽은 건 대부분,
사람들이 위험한 상황에 빠졌을 경우만 다뤘더라고요.
암벽 타기를 하는 것처럼 위험을 즐기는
사람들에 관한 내용은 별로 없었어요.

그건 그래요.
사람들이 자발적으로 위험한 상황을 즐길 때도
명료하게 생각하기 힘들까요?

실험해 볼 만한 질문이에요.
실험을 하려면 꼭 필요한 게 있어요,
바로 **변수**예요.

변수란 뭘까요?

실험에서는 어떤 *한 가지*를 바꿨을 때
*다른 것*도 바뀌는지 살펴보는 게 핵심이에요.
실험하는 동안 변할 수 있는 것을 **변수**라고 해요.

유디트는 사람들이 위험한 상황에서 흥분하면,
명료하게 생각하는 데 어떤 영향을 받는지
테스트하고 싶어 해요.

유디트는 첫 번째 변수로,
사람들의 흥분 수치에 일부러 변화를 줄 거예요.
그런 다음 이것이 두 번째 변수,
즉 사람들이 명료하게 생각하는 데
어떤 변화를 일으키는지 살펴볼 거예요.

실험하기

심리학자들은 그냥 질문만 던지지는 않아요.
질문과 함께 자신들이 답이라고 생각하는 것을 먼저 제시하는데,
이것을 '**가설**'이라고 해요. 그런 다음 심리학자들은
그 가설이 맞는지, 틀리는지 실험해요.

유디트의 가설: 사람들은 긍정적이고 신나 있을 때라도, 아슬아슬하고 위험한 상황에서는 명료하게 생각하기 힘들 것이다.

실험 방법은 다음과 같아요.

번지 점프에 대해 들어 보셨어요?

네. 길고 신축성 있는 밧줄을 발에 단단히 묶고…

번지 점프를 할 지원자를 모집했어요.

…굉장히 높은 곳에서 뛰어내리는 거예요.

야호오오오오!

번지 점프를 하기 전과 후에, 얼마나 떨렸는지 질문할 거예요.

그리고 한 번에 얼마나 많은 것을 기억할 수 있는지 기억력 테스트를 할 거예요.

유디트는 지원자들이 번지 점프를 *하기 전*과 *한* 후에 말한 답변을 비교함으로써, 흥분된 기분과 기억력에 변화가 있는지 알아보았어요.

실험 결과

유디트의 가설은 틀렸어요. 두 집단의 점수를 비교하고 몇 가지 계산을 해 본 결과,
연구진은 다음과 같은 사실을 발견했어요.

1. 번지 점프 집단은 기억력이 통제 집단보다 더 좋았다.

2. 번지 점프 집단의 기억력은 지원자가 긍정적이고 흥분할수록 더 좋았다.

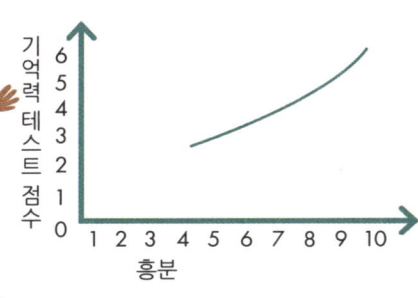

결론

흥분된 감정은 아슬아슬한 상황에서 기억력을 향상시킨다. 그래서 사람들은 더욱 명료하게 생각할 수 있다.

우리 연구진도 깜짝 놀랐어요. 이와 비슷한 연구들은 대부분 위험 상황에서는 사람들의 정신 능력이 좋아지지 않고 떨어진다고 했거든요!

하지만 그 실험들은 위험 때문에 사람들에게 부정적인 감정이 생긴 경우였어요.

하지만 확신할 수 있을까요?

심리학자들은 결론을 내리기 전에, 결론을 얼마나 믿을 수 있을지 깊이 생각해요.

실험을 또 하면 비슷한 결론이 나올까요?

과학에서는 누군가가 똑같은 실험을 해서 같은 결론을 얻는다면, 그 결론은 더욱 '믿을 수 있다.'고 생각해요.

심리학자들은 결론이 얼마나 유용한지 알아내기 위해, 그 결론을 다양한 각도에서 살펴봐요.

다른 극한 스포츠로 테스트하면 어떤 결과가 나올까요?

출신 지역이나 배경이 다른 사람들이 참여하면 결과가 달라질까요?

흥분 수치가 높아진 뒤에 기억력도 높아졌어요. 하지만 흥분 때문에 기억력이 높아진 게 아닐 수도 있어요.

날씨 또는 시간 같은 다른 변수가 기억력을 높인 건 아닐까요?

두 가지 변수에 동시에 변화가 생겼다고 해서, 한 변수가 다른 변수에 반드시 영향을 끼쳤다고 말할 수는 없어요.

정직한 보고서

심리학자들은 실험에 관한 설명을 보고서에 빠짐없이 기록해요.
이와 같은 연구 보고서들은 종종 우리 뇌와 우리가 어떻게 행동하는지에 대해, 크든 작든 새로운 사실을 드러내지요.
훌륭하고 정직한 보고서는 결과에 어떤 미심쩍은 점이 있는지, 그다음에 어떤 연구를 해야 하는지도 설명해요.

흥분은 아슬아슬한 상황에서 사람들이 더욱 명료하게 생각할 수 있게 하는 듯이 보인다. 다른 극한 스포츠에서도 같은 결과가 나오는지 실험해 보면 좋겠다. 우리는 이 실험으로 흥분과 긍정적인 태도가 위험 상황에서 명료하게 생각하는 데 도움이 되는지 확인할 수 있었다.

실험이 최종 답을 주는 건 아니에요. 실험은 놀랍고도 유용한 발견을 하고 싶어 하는 연구자들 사이에서 이루어지는 대화의 일부예요.

위험한 실험

유디트의 연구를 누군가가 이어서 하고 싶어 한다고 상상해 보아요.
사람들을 위험에 빠뜨리지 않고도 위험 상황에서
어떻게 생각하는지 실험할 수 있을까요?

모든 실험은 **윤리 위원회**의 허락을 받아야 해요.
실험에 참가한 사람들이 해를 입거나 학대당하지 않는다는 것을 확실히 보장해야 해요.

윤리적이지 않은 실험

예전부터 윤리 위원회가 있었던 건 아니에요. 과거에 했던 실험 중에 오늘날에는 허락되지 않는 실험도 많아요. 1924년에 했던 아래 실험을 보세요.

> 혐오감을 느낄 때, 사람들은 모두 같은 표정을 지을까요?

> 이것을 알아보기 위해 양동이에 살아 있는 개구리를 넣고, 참가자들은 무엇이 들어 있는지 모른 채 손을 양동이에 넣게 할 거예요. 그러고는 사진을 찍는 거죠.

> 뭘 한다고요?

> 우웨에엑! 이게 뭐야?

> 사람들은 같은 표정을 짓지 않았어요. 실험 참가를 거부하는 사람도 있었어요.

심리학자들은 윤리적으로 지켜야 하는 제약이 있기 때문에 실험을 설계할 때 창의력을 발휘해야 해요. '위험 상황' 실험으로 돌아가 볼까요?

> 무슨 말인지 알겠어요. 그러면 참가자들에게 이 고글을 쓰게 할게요. 그러면 급류 타기하는 영상이 나와서 위험에 빠진 듯이 느낄 거예요.

> 이것을 가상 현실 시뮬레이션이라고 해요. 참가자들도 현실이 아니라는 걸 알지만, 그래도 여전히 생각하는 방식은 영향을 받게 될 거예요.

> 여러분이 보기에 윤리적인 것 같나요?

> 진짜 위험 상황을 대신하기에 좋은 방법인가요?

제2장
마음의 핵심 기능

우리는 주변에서 일어나는 일을 어떻게 알아차릴까요?
여러분은 그 모든 것을 기억하나요?
우리가 잠잘 때는 무슨 일이 일어날까요?
우리는 말하고, 쓰고, 읽을 때 언어를 어떻게 사용할까요?

이번 장에서는 우리가 지금과 같은 방식으로
삶을 경험할 수 있게 해 주는
마음의 핵심 과정을 살펴볼 거예요.

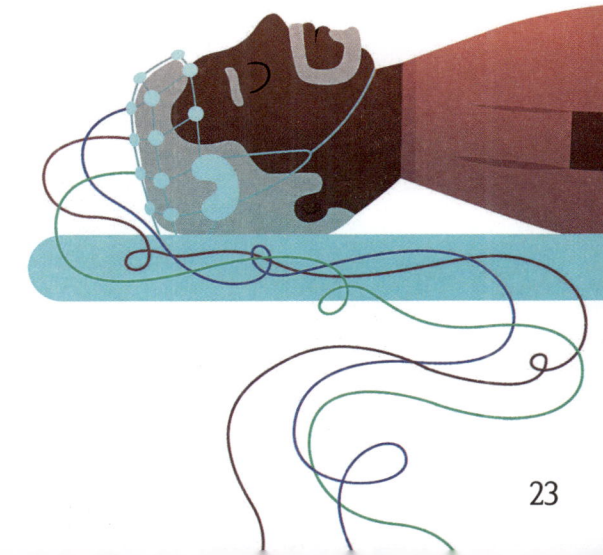

경험이 시작되는 곳은…

…우리 **감각**이에요. 우리 몸은 주변에서 일어나는 일을 감지해 뇌로 신호를 보내요. 그러면 뇌는 그 메시지를 모두 우리가 보고, 냄새 맡고, 맛보고, 느끼고, 듣는 것으로 바꾸어요.

이 책을 예로 들어 설명하면, 우리가 이 책을 볼 수 있는 건…

…**빛**이 책에 반사되어 우리 눈으로 들어왔기 때문이에요.

빛

눈 뒤쪽에는 막대세포와 원뿔세포라는 시각 세포가 있어요. 이 세포들은 빛을 감지해 그 정보를 뇌로 보내요.

빛

감각하는 게 달라요

모든 사람의 감각이 똑같은 방식으로 기능하는 건 아니에요. 예를 들어, 앞을 잘 못 보는 사람은 다른 감각들을 새로운 방식으로 이용하는 방법을 익힐 수 있어요. 이를테면, **반향 정위** 같은 방법을 쓸 수 있지요.

나는 앞을 못 봐요. 하지만 소리를 듣고 머릿속에 그림을 그릴 수 있어요.

딱딱

나는 혀로 딱딱 하는 소리를 내어, 소리가 주위 사물에서 튕겨 나오는 메아리를 들어요.

딱딱

메아리를 듣고 물건이 어디쯤 있는지 '보는' 거예요. 모양과 질감까지도 알 수 있어요.

딱딱

뉴런과 뇌에 대해서는
112쪽에서 좀 더
자세히 살펴봐요.

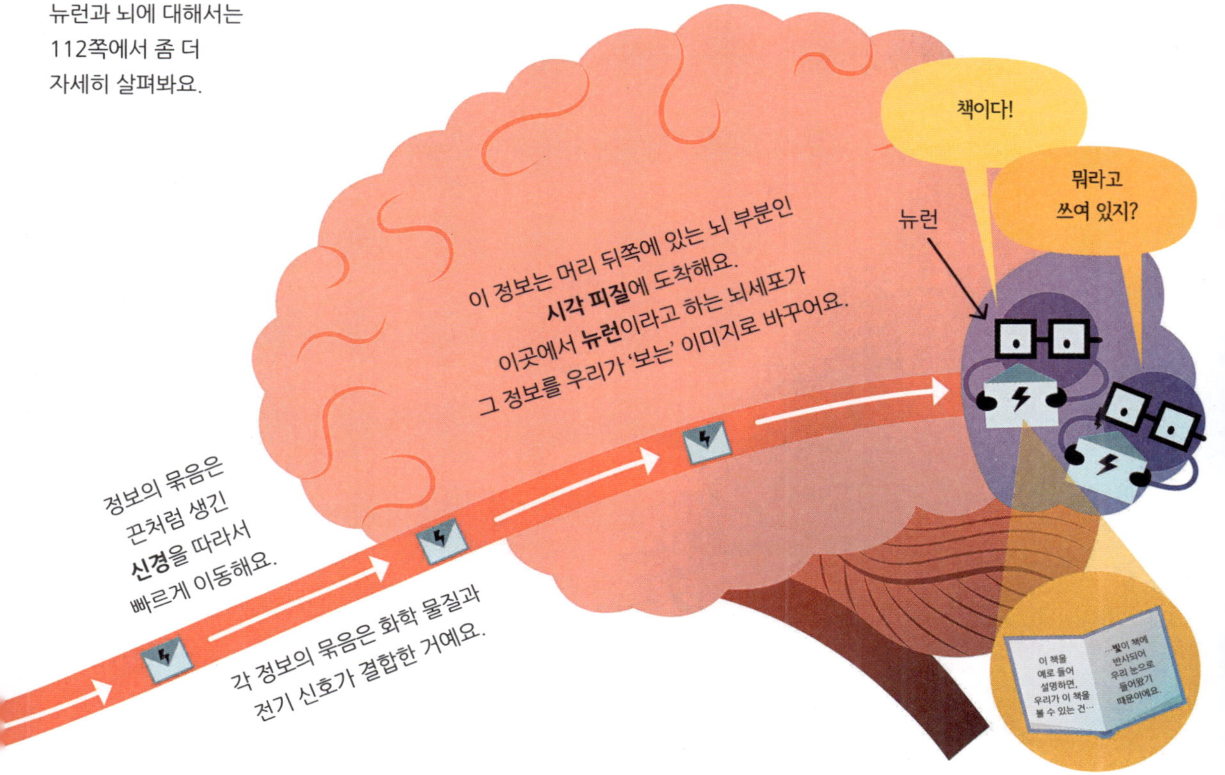

책이다!

뭐라고 쓰여 있지?

뉴런

이 정보는 머리 뒤쪽에 있는 뇌 부분인 **시각 피질**에 도착해요.
이곳에서 **뉴런**이라고 하는 뇌세포가
그 정보를 우리가 '보는' 이미지로 바꾸어요.

정보의 묶음은
끈처럼 생긴
신경을 따라서
빠르게 이동해요.

각 정보의 묶음은 화학 물질과
전기 신호가 결합한 거예요.

이 책을 예로 들어 설명하면, 우리가 이 책을 볼 수 있는 건… 빛이 책에 반사되어 우리 눈으로 들어왔기 때문이에요.

다른 감각도 이와 비슷하게 기능해요. 코나 피부, 혀, 귀에서부터 메시지가 이동하면,
뇌의 각기 다른 부분에서 이 메시지의 뜻을 풀이해요.

시각 장애인은 종종 뛰어난 듣기 능력을 발달시켜요.
예를 들어, 소리가 나는 위치를 찾아내는 능력이 뛰어나지요.
청각 장애가 있는 사람은 종종 뛰어난 시각 능력을 발달시켜요. 인간의 뇌는 적응력이 뛰어나요.
그래서 장애 문제에 대처하기 위해 새로운 기술을 연마하는 데 집중하지요.

소리가 멀어지고 있네요!

전 모르겠는데요.

쌔애애애애애애애앵!

감각을 믿어요

우리가 느끼고, 보고, 듣고, 만지고, 맛보는 것은 모두 진짜 같아요.
하지만 사실은 우리 주위에서 어떤 일이 일어나는지 매우 잘 추측한 것일 뿐이에요.
뇌는 때때로 혼란에 빠지기도 해요.

예를 들면, 아래 그림에서 어떤 자동차가 가장 커 보이나요?

맨 위에 있는 차요!

놀랍게도 이 자동차들은 모두 크기가 같아요. 한번 재 보세요!

우리가 보는 것에는 언제나 감각으로 들어온 것뿐만 아니라 예측이나 믿음, 이미 알고 있는 지식 등 여러 가지가 *결합되어* 있어요.

우리 뇌는 *멀리* 있는 것은 보이는 것보다 실제로는 더 크다는 것을 일상생활에서 배웠어요.

위 그림에서 자동차들은 우리 눈으로부터는 모두 같은 거리에 있지만, 위쪽 두 대는 더 멀리 있는 것처럼 보여요. 그래서 우리 뇌는 위쪽 차 두 대가 실제보다 더 클 거라고 판단해요.

시각이 뭔가를 착각했을 때, **착시**가 일어났다고 해요.

소리 착각

뇌는 소리를 들을 때도 착각을 일으킬 수 있어요.
친구에게 '수박'을 계속 이어서 말해 달라고 해 보세요.
또는 여러분 스스로 직접 말해 보세요.

대체로 '수박'이라고 들릴 거예요.

수박 수박 수박 수박 수박 수박 수박 수박 수박 수박 수박 수박 수박 수박 수박 수박 수박 수박 박수 박수 박수 박수 박수 박수 박수 박수 박수 박수 박수 박수 박수...

때로는 '박수'라고도 들릴 거예요.
뇌는 소리를 어떻게 처리할지 마음을 계속 바꾸어요.

적절한 추측

뇌가 언제나 정확하진 않더라도, 실제로 우리가 이미 알고 있는
지식이나 예측이 우리 감각을 도와주는 건 매우 유용해요.
우리는 컵을 집어 드는 일처럼 아주 간단한 일도 지식과 예측에 의존해요.

우리 눈은 주스가 든 컵을 본다 해도 *모든 것*을 감지할 수는 없어요.

다행히 우리 뇌는 비슷한 경험을 기억하고 있어요.

유리컵에 주스가 거의 차 있네. 무게는 얼마나 될까?

주스가 거의 찼으니까 꽤 무거울 거야.

손에게 너무 가볍게 집어 들지 말라고 해.

이것 좀 보세요!

여러분의 **주의**를 끄는 데 성공했나요? 감각만으로 동시에 모든 것을 알아챌 수 없으므로, 우리 뇌는 어디에 초점을 맞출지 선택해요.

아래 영화 포스터를 보세요.

영화 포스터를 볼 때, 마치 책을 읽듯이 왼쪽부터 오른쪽으로 차근차근 보진 않을 거예요. 그보다는 이 부분에서 저 부분으로 건너뛰며 시선을 집중할 거예요.

하지만 아무거나 건너뛰며 보는 건 아니에요. 심리학자들은 우리 뇌가 자동적으로 무서운 것과 사람 얼굴을 다른 것보다 우선적으로 처리한다고 생각해요.

왜 그러는지는 다양한 설명이 있어요.

생존을 위해서는 돌연변이 개 괴물처럼 생명을 위협하는 존재를 빨리 알아보는 게 중요해요.

또한 우리는 사람 얼굴에도 끌려요. 주변 사람이 겁에 질렸는지 알아차리는 것이 생존에 중요하거든요. 다른 사람을 보고 우리도 위험에 빠졌는지 판단할 수 있어요.

우리는 *어디*에 초점을 맞출지도 선택할 수 있어요. 특정한 소리, 아니면 지금 손에 느껴지는 촉각에 집중할 수 있어요. 아래 그림을 볼 때, 사람 얼굴 수에 주목해 보세요. 어떤 일이 생길까요?

사람 얼굴이 4개라는 건 알았을 거예요. 하지만 인물들의 손가락이 일곱 개씩이라는 건 알았나요? 아마 알아채지 못했을 거예요. 우리가 어떤 것에 주의를 집중하면, 뇌는 그와 관련 없는 것들은 무시해 버려요.

이것 좀 읽어 주세요!

광고나 누리 소통망(소셜 미디어), 심지어 이 책을 비롯해 우리 주위에 있는 많은 것들은 어떻게 하면 사람들의 주의를 끌 수 있을지 생각해서 만들어요.

우리가 잠들어 있을 때

우리가 잠들어 있을 때는 주위를 별로 감지하지도 않고,
아무 관심도 기울이지 않는 것 같아요. 하지만 우리 뇌는 *여전히* 바빠요.
우리 몸은 잠자고 있을 때 성장과 회복 작용이 주로 일어나요.
그래서 어린이는 잠을 많이 자야 하지요.

심리학자들은 전기 활동을 측정하는 감지 장치를
이용해서 우리가 잠잘 때 뇌에서 어떤 일이 일어나는지
살펴보았어요. 깨어 있을 때의 뇌와 비교해,
감지 장치는 잠자는 동안 우리 뇌에서는
다섯 단계의 다른 활동이 일어난다는 걸 보여 주었어요.

전기 활동 감지 장치

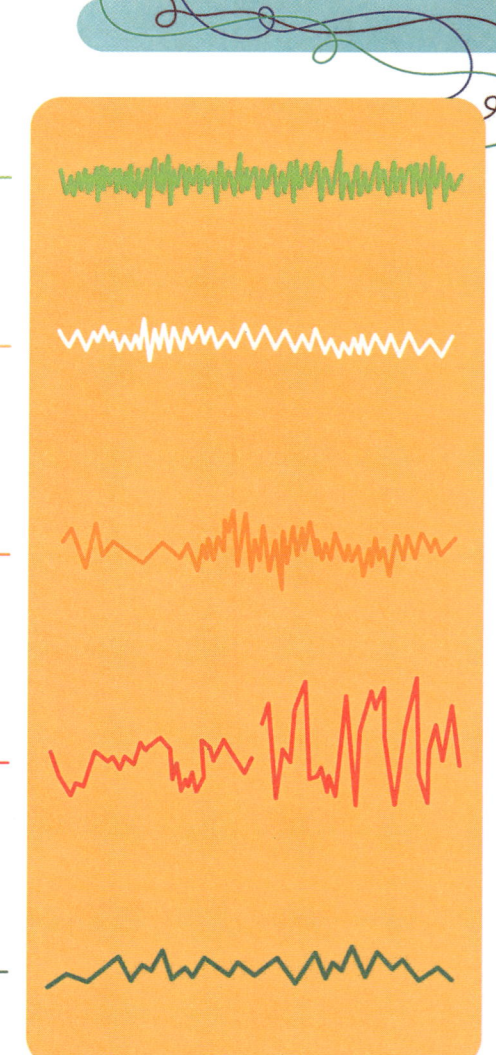

깨어 있을 때

1단계는 처음 잠이 든 단계로 5~10분 동안 이어져요.
1단계에서는 갑자기 잠이 깰 수도 있어요.

2단계 수면 동안, 체온은 떨어지고 심장 박동 수는
안정돼요. 뇌는 별로 활동적이지 않아요.
2단계 수면이 우리 잠의 약 절반을 차지해요.

3단계와 4단계에서는 깊이, 아주 깊이 잠들어요.
잠에서 잘 깨지 않고, 몽유병이 생길 수 있는 단계예요.

마지막 단계는 **렘수면**으로 알려져 있는데,
렘수면이란 '빠른 눈 운동 수면'이라는 뜻이에요.
눈알이 빠르게 움직이며 우리가 주로 꿈을 꾸는 단계로,
잠에서 잘 깨요.

꿈꾸기

우리가 꾸는 꿈은 평범하고 일상적인 것에서부터 마법 같은 이야기나 무서운 꿈까지 다양해요.
심리학자들은 꿈 연구에 매력을 느끼지만, 확실하게 아는 건 별로 없어요.
예를 들어, 우리는 왜 꿈을 꾸는 걸까요? 여기에는 많은 이론이 있어요.

아기들은 꿈을 많이 꿔요.
태어나기 전부터 꿈을 꾸기 시작하지요.
어떤 심리학자들은 이러한 추가적인 뇌 활동이
뉴런 사이에 연결이 만드는 데 도움이 된다고 생각해요.
그래서 뇌가 더 잘 성장하고 기능할 수 있어요.

어떤 사람들은 꿈에서
의미와 메시지를 찾아요.

쉬쉬식… 내가 나타나면,
네가 괴롭힘을 당할까 봐
걱정한다는 뜻이야… 쉬쉬식!

하지만 대다수 심리학자는
꿈에 특별한 의미는
없다고 생각해요.

꿈은 그날의 경험을 잘 정리하고
어떤 것을 기억하는 역할을
하는 것 같아요.

저장 ← → 오늘의 기억

꿈은 우리에게 필요 없는 것을
잊게 하는 역할을 하는지도 몰라요.

기억 얘기가 나와서 말인데,
나는 '천산갑'이에요. 내 이름을 기억해 두세요.
다음 쪽을 읽을 때 필요할 거예요.

기억

만약 우리 감각이 포착한 것을 아무것도 기억하지 못한다면
우리는 무언가를 배울 수도 없고, 다른 사람과 관계를 맺을 수도 없으며,
그 밖에도 많은 것을 할 수 없을 거예요. 그런데 우리 뇌는 어떻게 **기억**하는 걸까요?

환자 H.M.의 사례 [1부]

기억이 어떻게 작동하는지 발견하는 데 어떤 한 사람의 이야기가 특히 큰 도움을 주었어요.
그 사람은 바로 헨리 몰레이슨이라는 미국인인데, 대개는 줄여서 H.M.이라는 약자로 불렸어요.

심리학자인 브렌다 밀너는 헨리의 부모님 집으로 그를 연구하러 오라는 초청을 받았어요.
그곳에서 브렌다 밀너는 엄청난 발견을 했어요.

브렌다 밀너의
발견이
의미하는 바:
> 헨리는 새로운 사실을 짧은 시간 동안은 기억하지만, 오랫동안 기억할 수 없었다. 이것은 뇌에서 단기 기억과 장기 기억을 담당하는 부분이 서로 다르다는 뜻인지도 모른다.

그 후의 실험들은 브렌다 밀너의 생각이 옳았다는 것을 확인해 주었어요.

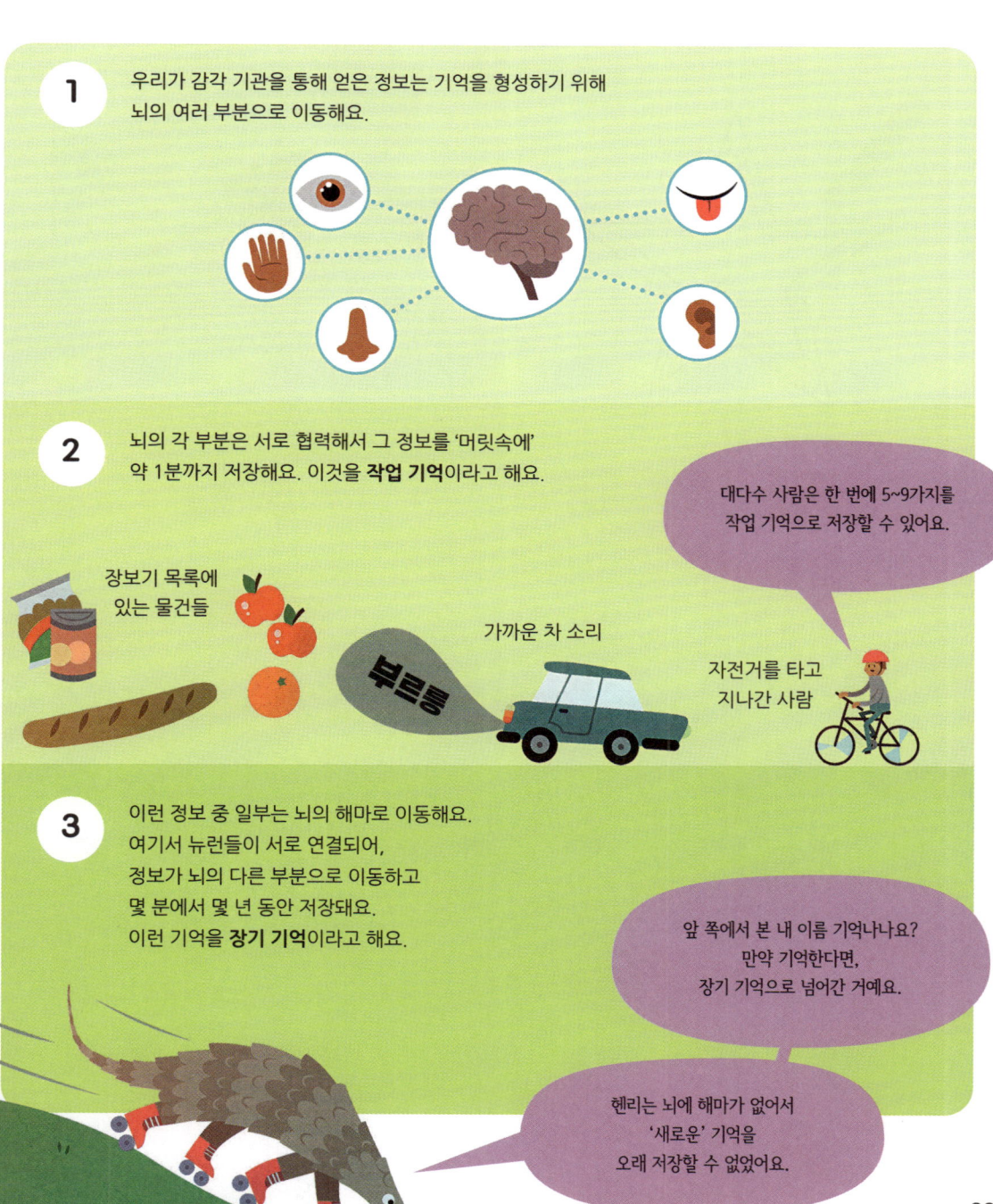

1. 우리가 감각 기관을 통해 얻은 정보는 기억을 형성하기 위해 뇌의 여러 부분으로 이동해요.

2. 뇌의 각 부분은 서로 협력해서 그 정보를 '머릿속에' 약 1분까지 저장해요. 이것을 **작업 기억**이라고 해요.

   대다수 사람은 한 번에 5~9가지를 작업 기억으로 저장할 수 있어요.

   장보기 목록에 있는 물건들
   가까운 차 소리
   부릉
   자전거를 타고 지나간 사람

3. 이런 정보 중 일부는 뇌의 해마로 이동해요. 여기서 뉴런들이 서로 연결되어, 정보가 뇌의 다른 부분으로 이동하고 몇 분에서 몇 년 동안 저장돼요. 이런 기억을 **장기 기억**이라고 해요.

   앞 쪽에서 본 내 이름 기억나요? 만약 기억한다면, 장기 기억으로 넘어간 거예요.

   헨리는 뇌에 해마가 없어서 '새로운' 기억을 오래 저장할 수 없었어요.

환자 H.M.의 사례 [2부]

브렌다 밀너는 또 한 가지 중요한 발견을 했어요.
밀너는 헨리에게 아래와 같이 그림을
그리게 하는 실험을 했어요.

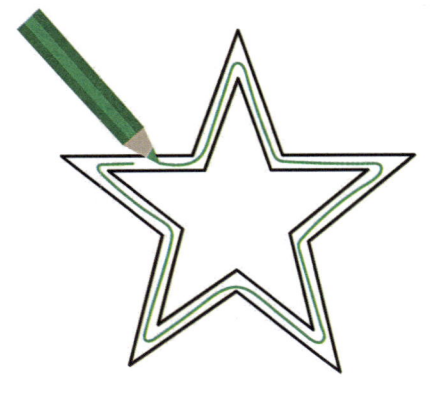

단, 종이를 직접 보지 않고,
거울에 비치는 것을 보면서 그리게 했어요.

얼마나 헷갈리는지
여러분도 직접 해 보세요.

이 활동을 여러 번 반복한 뒤, 밀너는 흥미로운 사실을 알아차렸어요.

내가 그림 그린 것을 기억하느냐고 물으면
헨리는 기억 안 난다고 대답했어요.
하지만 그가 그린 그림은 매번 더 나아지고 있었어요.

브렌다 밀너의 발견이 의미하는 바: 기억에는 과거에 일어난 사건처럼, 우리가 의식적으로 생각하고 떠올리는 기억이 있다. 그리고 그림 그리기처럼, 우리가 의식하지 못한 채 저장하고 사용하는 기억이 있다.

밀너는 오늘날 사람들이 **명시적 기억, 암묵적 기억**이라고 부르는 두 가지 기억을 발견했어요.

명시적 기억은 해마가 담당해요. 하지만 암묵적 기억은 **기저핵**과 **소뇌**라고 하는 뇌 부분을 사용해요.
헨리는 이 두 부분이 온전했기 때문에, 암묵적 기억이 작동할 수 있었어요.

명시적 기억과 암묵적 기억은 둘 다 장기 기억에 속해요.

우리가 명시적 기억을 떠올렸다는 건, 그 기억이 잠시 작업 기억으로 이동했다는 뜻이에요.

우리가 그것을 더 이상 생각하지 않으면, 그 기억은 다시 장기 기억으로 돌아가요. 하지만 이러한 과정에서 기억이 변할 수도 있어요. 계속해서 읽으면서 더 알아보세요.

믿을 수 없는 기억

기억은 과거에 무슨 일이 있었는지 알 수 있게 해 주어요.
하지만 심리학자들은 우리 기억이 시간이 지나면서
바뀌고 비틀릴 수 있다는 걸 발견했어요.

예를 들어, 여러분이 친구들에게 전에 있었던 일을 얘기해 줄 때,
이야기를 좀 더 재미있게 바꿀 수도 있어요.

이 친구는 다음번에 자신이 묘기 부렸던 일을 떠올릴 때, 진짜로 공원에서 사람들이 깜짝 놀라 난리가 났던 것으로 기억할 수 있어요. 이것을 **관중 조율 효과**라고 해요. 관중들의 태도가 말하는 사람의 기억에 영향을 미친다는 뜻이에요.

그게 문제가 될까요?

기억이 바뀌었다고 해서 꼭 문제가 되는 건 아니에요.
하지만 정확하게 기억해 내야 하는 상황이 있어요. 예를 들면…

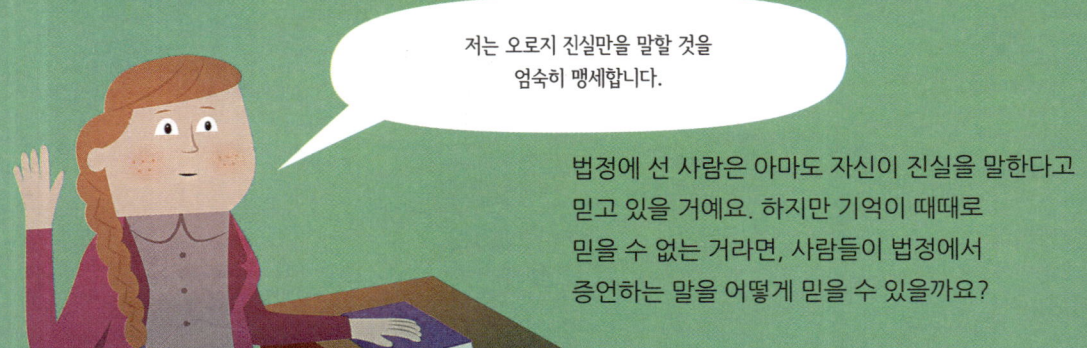

법정에 선 사람은 아마도 자신이 진실을 말한다고 믿고 있을 거예요. 하지만 기억이 때때로 믿을 수 없는 거라면, 사람들이 법정에서 증언하는 말을 어떻게 믿을 수 있을까요?

심리학자들은 바로 이 문제를 탐구하기 위해서 몇 가지 실험을 했어요.
그중 한 실험에서는 참가자들에게 자동차가 충돌하는 영상을 보여 주었어요.
그런 뒤, 참가자 한 명 한 명에게 단어만 살짝 바꿔서 같은 질문을 해 봤어요.

양쪽에서 오던 자동차가…

부딪쳐 박살 났을 때   쿵 부딪쳤을 때
충돌했을 때
콕 박았을 때
접촉 사고가 났을 때

…얼마나 빨리 달리고 있었나요?

결과

사람들은 질문 속에 '박살 나다' 같은 부정적인 단어가 들어 있을 때 차들이 더 빨리 달리고 있었다고 대답했다.

이건 대단한 발견이에요! 검사나 변호사가 교묘하게 단어를 골라 질문하면 증인의 대답에 큰 영향을 끼칠 수도 있다는 뜻이니까요.

요즘 법정에서는 최대한 공정한 재판을 할 수 있게 종종 판사나 검사, 변호사, 배심원들을 도와줄 기억 전문가를 부르곤 해요.

우리 기억이 *완전히* 바뀌는 일은 드물어요. 하지만 기억이 과거를 완벽하게 그대로 나타내는 것도 아니에요. 우리는 이야기를 들려주는 건지 아니면 대답을 하는 건지, 즉 어떤 일에 필요한지에 따라 기억을 다른 방식으로 사용해요.

기억력 높이기

비록 기억이 종종 정확하지 않을 때도 있지만, 기억력을 높이는 방법이 있어요.
여러분도 기억력을 높일 수 있을지, 다음 문제에 도전해 보세요.

> 다음 단어들을 읽고 나서,
> 몇 시간 뒤에 기억할 수 있을까요?

고양이   수박   보라색   삼촌   잠자리채
오후   깃털   여섯   피아노

> 한두 번만 읽어서는 완벽하게 기억하지 못할 거예요.
> 아래 세 가지 요령을 이용해 보세요.
> 기억을 좀 더 잘할 수 있을 거예요.

1 변형하기

단어를 적혀 있는 그대로 외우기보다는, 기억할 수 있는 새로운 방식을 만들어 내요.
이것을 **윤색(꾸미기)**이라고 해요. 다음과 같은 예를 살펴보세요.

목록에 나온 단어의 첫 글자만 모아서 외워요.

> 고수보, 삼잠오, 깃여피

단어가 나온 순서대로 이야기를 만들어요.

> 옛날에 어느 고양이는 수박을
> 보라색 그릇에 담아 먹길 좋아했는데…

그림을 그려요.

윤색은 무언가를 기억할 때 추가적인 경로를 만들어 내므로 효과가 있어요.
심리학자들은 이것을 **기억 회복 경로**라고 불러요.

2 차 마시기

껌을 씹거나 따뜻한 차를 마시는 일처럼, 단어를 외울 때 했던 일을 똑같이 반복하면 기억을 더 잘할 가능성이 있어요.

아하!

우리는 뭔가를 익힐 때 그 *정보*만이 아니라 그 *순간*도 기억하기 때문이에요.

*같은 장소*에 있는 것도 기억하는 데 도움이 돼요. 심리학자들이 두 집단에 단어를 외우게 하는 실험을 했는데, 한 집단은 해변에서 외우게 했고, 다른 집단은 물속에서 수영 이어폰으로 단어를 듣게 했어요.

그런 다음, 양쪽 집단의 사람들은 절반씩 장소를 서로 바꾼 다음, 외운 단어를 떠올려 보았어요.

같은 장소에 그대로 있었던 사람들은 장소를 바꾼 사람들보다 단어를 더 잘 기억했어요.

3 연습하기

무언가를 기억하려고 애쓴다면, 그 후에 기억해 내기가 좀 더 쉬워져요. 이것을 **능동적 회상**이라고 해요. 기억력을 높이는 데 가장 효과적인 방법이에요. 연습과 연습 사이에 시간 간격을 두면 더욱 효과적이에요. 그러면 우리가 배운 내용을 뇌가 잘 처리할 수 있거든요.

언어

많은 동물이 소리나 움직임으로 소통할 수 있지만,
인간만이 진짜 언어로 소통해요.

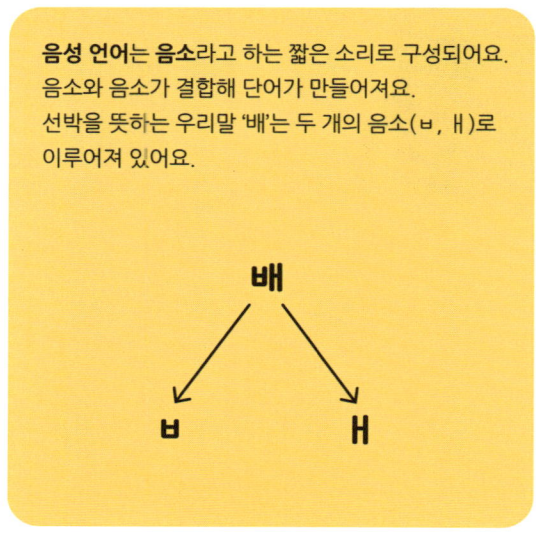

음성 언어는 음소라고 하는 짧은 소리로 구성되어요. 음소와 음소가 결합해 단어가 만들어져요. 선박을 뜻하는 우리말 '배'는 두 개의 음소(ㅂ, ㅐ)로 이루어져 있어요.

수어는 소리 대신에 손짓으로 '말해요'. 손의 모양, 위치, 움직임으로 의미를 만들어요.

'배(Ship)'를 뜻하는 영국의 수어

인간이 음성 언어에서 사용할 수 있는 음소는 수백 개쯤 돼요.
하지만 언어마다 15개에서 70개 정도의 음소만 사용해요.

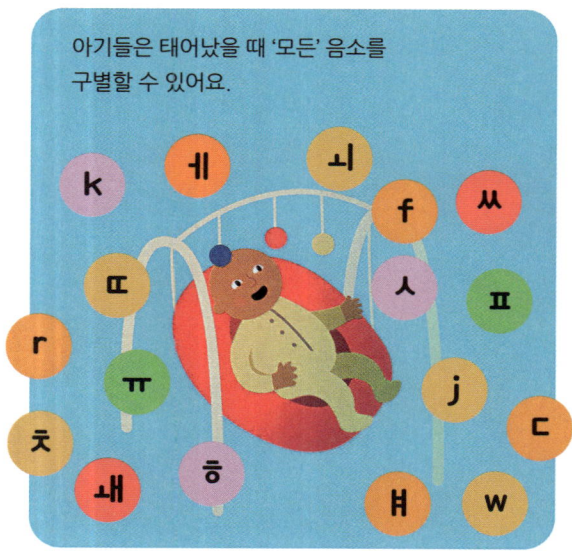

아기들은 태어났을 때 '모든' 음소를 구별할 수 있어요.

하지만 열 달이 지나면 이와 같은 능력을 잃어버려요.

아기의 뇌가 주위에서 들리는 음소만 필요하다고 판단한 거예요.

영어권 사람들은 'rr' 음소를 발음하기 힘들어해요. 스페인어에는 있고 영어에는 없는 음소거든요.
입천장에서 혀를 진동시키며 'r'을 굴린 발음이에요.
어릴 때부터 이 소리를 들으면서 자라지 않았다면, 발음하기 힘들어요.

언어와 문화

우리가 사용하는 언어, 우리가 속한 문화가 우리가 *생각하는* 방식을 만들어 내는 걸까요? 심리학자들은 대부분 "아마 조금은 영향을 주겠지만, 완전히 그런 것은 아니에요."라고 답할 거예요. 예를 들어, 이걸 한번 해 보세요. 여러분은 지금 당장 얼굴을 북쪽으로 향할 수 있나요?

대다수 사람은 북쪽이 어느 쪽인지 정확히 몰라요.
하지만 오스트레일리아에 사는 쿡타요레 부족은 금방 알 거예요.

쿡타요레 부족의 언어에서는 방향을 말할 때 '왼쪽'과 '오른쪽'이라는 단어 대신, '북쪽', '남쪽', '동쪽', '서쪽'이라는 단어를 써요. 부족 사람들끼리 만나서 인사할 때 "안녕하세요?"라고 말하지 않고, 다음과 같이 말해요.

쿡타요레 사람들은 늘 어느 방향을 향하는지 알고 있어요. 서로 대화하는 데 아주 중요한 부분을 차지하기 때문이에요.

여러분이 쿡타요레 부족의 언어를 쓰지 않더라도, 어느 방향을 향하고 있는지 파악하는 훈련을 할 수는 있을 거예요. 하지만 쿡타요레 사람에게는 누구나 그와 같은 특별한 재능이 있고, 그것이 언어에도 반영되었어요.

감정

여러분이 길을 가다 어느 모퉁이를 따라 돌았는데, 동물원에서 도망친 호랑이와 딱 마주쳤다고 상상해 보세요. 이때 여러분은 어떤 **감정**을 경험하게 될 거예요. 심리학자들은 이런 감정이 우리 몸과 마음에서 일어난다고 말해요.

몸   마음

 땀에 젖은 손바닥

 빠르게 뛰는 심장

 겁에 질린 표정

 여러분은 아마 비명을 지르며 달아나겠지요.

감정:
꺄아아아아아악

생각:
진짜… 호랑이야?

호랑이가 사람을 공격하는 걸 만화책에서 본 적 있어.

호랑이 이빨이 정말 크다.

감정은 생존에 꼭 필요해요. 위 예에서 보듯이, 우리는 이런 감정들 덕분에 빨리 도망칠 준비를 할 수 있으니까요. 하지만 심리학자들은 몸과 마음이 어떻게 서로 협력해서 감정을 만들어 내는지 확실히 알지 못해요. 그래서 다음과 같은 질문을 던지고, 답을 찾고 있어요.

난 호랑이가 좋아.

- 손바닥에 난 땀 *때문에* 두려운 감정이 생긴 걸까, 아니면 땀과 두려운 감정이 동시에 일어난 걸까?

- 우리가 마주친 게 호랑이라는 걸 뇌가 *알아야만* 두렵다는 느낌이 들까?

- 일부러 긍정적인 생각을 하면, 두려움이 사라질까?

기본 감정

어떤 심리학자들은 여섯 가지 감정이 초기 인류가 생존하는 데 도움이 되었을 거라고 생각해요. 이 감정들을 기본 감정이라고 해요. 이 감정들은 각각 뚜렷하게 구별되는 얼굴 표정으로 드러나기 때문에, 지금 우리가 어떻게 느끼는지 다른 사람들에게 효과적으로 보여 줄 수 있어요.

분노 - 호락호락하게 당하지 않겠다는 걸 나타내요.

공포 - 이러면 다른 사람들이 위험을 피할 수 있어요.

역겨움 - 이러면 다른 사람들이 상한 음식을 먹지 않을 거예요.

놀람 - 다른 사람들이 새로운 어떤 것에 주목하게 만들어요.

행복 - 이런 표정은 우정을 쌓는 데 도움이 될 거예요.

슬픔 - 위로가 필요하다는 것을 나타내요.

심리학자들은 이 여섯 가지 표정은, 문화가 달라도 전 세계에서 거의 비슷하게 나타난다고 확신해요.

> 심리학자들이 완전히 고립된 곳에서 사는 사람들에게 위와 같은 표정을 지은 사진을 보여 주었어요. 다른 공동체와 접촉한 적이 없는 사람들도 얼굴에 나타난 감정을 알아차렸어요.

> 태어날 때부터 앞을 못 보는 사람들도 이와 똑같은 표정을 지어요. 다른 사람이 짓는 표정을 보고 배울 수 없었는데도 말이에요.

하지만 이것 말고도 감정은 매우 다양해요. 예를 들어, 죄책감은 슬픔과 관련이 있지만 다른 감정이에요. 그리고 모든 감정은 우리 판단에 영향을 미칠 수 있어요.

제3장
깊이 생각하기

지금까지는 우리가 주위 세상으로부터 엄청나게 많은 정보를
어떻게 흡수하는지 살펴보았어요. 이번 장에서는
우리가 얻은 정보로 뇌가 무엇을 하는지 알아볼 거예요.

사람들은 판단하고, 계산하고, 결정을 내려요.
날마다 마주치는 갖가지 문제를 해결하는 거지요.
예를 들면, 마트에서 토마토 통조림을 찾는 문제나,
자금 투자처럼 인생이 바뀔 만한 문제도 있어요.

아무리 중대한 결정을 내릴 때라도,
우리는 종종 **빠르고 쉽게** 해결책을 얻으려고 지름길을 활용해요.
그래야 뇌가 힘을 아낄 수 있거든요.
하지만 지름길이 늘 현명한 결정이 되는 건 아니에요.

심리적 지름길

여러분이 처음 간 가게에서 토마토 통조림을 찾고 있다고 상상해 보아요.
어떻게 찾을 건가요?

1 선반을 하나하나 다 찾아본다?

이론적으로는 토마토 통조림을 찾을 때까지 선반을 하나씩 제외해 가면서 모든 선반을 살펴보는 접근법도 가능해요. 이런 방식을 **알고리즘**이라고 해요.

2 토마토 통조림이 있을 것 같은 선반부터 시작한다?

시간이 좀 걸리는 방법이죠!

사실 우리 뇌는 굳이 알고리즘을 사용하려고 하지 않아요. 일반적인 규칙을 적용하거나 지름길로 가려고 할 거예요. 심리학자들은 이런 방식을 **휴리스틱(어림법)**이라고 불러요. '경험을 근거로 해서 재빨리 판단한다'는 뜻이에요. 따라서 여러분은 토마토 통조림을 찾기 위해 아마도…

…신선한 토마토 옆을 찾아볼 거예요.

…다른 통조림 옆을 찾아볼 거예요.

…파스타 주변으로 가 볼 거예요. 보통 파스타 소스를 만들 때 토마토 통조림을 쓰니까요.

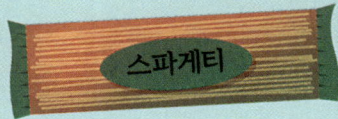

휴리스틱 접근 방법은 때때로 알고리즘 접근 방식보다 문제를 더 빨리 해결해요. 하지만 언제나 들어맞는다는 보장은 없어서, 아마 여러 번 시도해 봐야 할 거예요.

마인드맵

심리적 지름길의 한 가지 유형으로, 정보를 머릿속(마인드)에 '지도(맵)'로 정리하는 방법이 있어요.
어떤 물건이나 아이디어와 관련해 우리가 아는 온갖 사실을 연결할 때 이 지도를 써요.
토마토를 예로 들어 볼까요?

우산이나 강아지 또는 해변으로 가는 길 등,
우리는 실제 세상에서 우리가 아는 모든 것을 머릿속에 위와 같은 지도로 가지고 있어요.
이 지도의 한 부분만 떠올리면, 나머지 부분도 모두 쉽게 생각해 낼 수 있어요.
이런 일은 우리가 알지 못하는 사이에 아주 빠르게 일어나요.
이 말은 안타깝게도, 우리가 어떤 일이나 사람에 관해 성급하게 판단할 수 있다는 뜻이기도 해요.

위험한 결정

심리학자들은 우리가 때때로 논리적으로 판단하지 못한다고 지적하며, 이를 **인지 편향**이라고 불러요. 대다수 사람이 비슷한 유형의 오류를 저질러요. 인지 편향은 백 가지가 넘지만, 여기에서는 네 가지 예를 소개할게요.

1 누가 더 좋은 사람처럼 보이나요?

제스

제스는 친절하고,
똑똑하고,
열심히 일하고,
고집스럽고,
샘이 많아요.

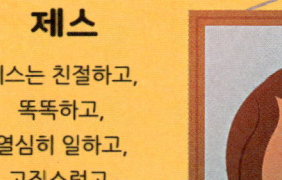

에마

에마는 샘이 많고,
고집스럽고,
열심히 일하고,
똑똑하고,
친절해요.

여러분 생각은 어떤가요? 옆쪽 맨 밑에 나와 있는 내용과 비교해 보세요.

2 우리는 자신의 생각을 뒷받침해 주는 정보에만 관심을 기울이는 경향이 있어요. 자신의 생각에 반대되는 것은 무시하고요. 이것을 **확증 편향**이라고 해요.

청소년들은 언제나 예의도 없고 반항적이야.

저것 좀 봐! 저 애는 아빠한테 말대꾸하잖아.

듣기 싫어, 아빠!

하지만 차분히 책을 읽는 청소년도 있어요.

또한 어르신이 길을 건너는 걸 돕는 청소년도 있고요.

그래도 내 생각은 변하지 않아! 이 아이들은 예외일 뿐이니까.

3 **유창성 효과**는 말하기 어려운 복잡한 이름이 붙어 있으면 사람들이 덜 신뢰한다는 뜻이에요.

이런 약 이름은 둘 다 들어 본 적이 없는데.

하지만 '은크숭지크트롭'이 분명히 더 위험할 거야. 이름이 그런 것 같아.

패스티노르빈

은크숭지크트롭

운율이 맞으면 더 쉽게 기억해요.

"콩 심은 데 콩 나고 팥 심은 데 팥 난다." 원인에 따라서 거기에 걸맞은 결과가 나온다는 뜻으로, 낱말들이 짝을 이루고 있어요.

4 우리는 아무 상관 없는 것을 관련짓기도 해요. 심리학자들은 이것을 **착각적 상관**이라고 불러요.

지난 5주 동안 빨간색 양말을 신고 봤더니, 내가 좋아하는 농구 팀이 매번 이겼어!

내가 빨간색 양말을 신어서 이긴 거야. 오늘도 신어야겠다!

정말 터무니없는 생각이야!

앞에서 이야기한 제스와 에마 기억나나요?
두 사람을 설명할 때 같은 단어를 쓰면서 순서만 바꿨어요.
이럴 때 대다수 사람은 제스를 더 좋은 사람으로 생각해요. **후광 효과**라는 현상 때문이에요.
우리가 사람을 볼 때, 긍정적인 첫인상에 지나치게 주목한다는 뜻이에요.

빠르게 또는 느리게 생각하기

그런데 왜 우리는 잘못된 판단을 할까요?
대니얼 카너먼이라는 심리학자는 우리가 빠르게 생각하거나 아니면
느리게 생각하기 때문에 잘못된 판단을 할 때도 있다고 보았어요.
마치 우리 안에 두 사람이 있어서, 우리의 판단에 영향을 끼치는 것 같아요.

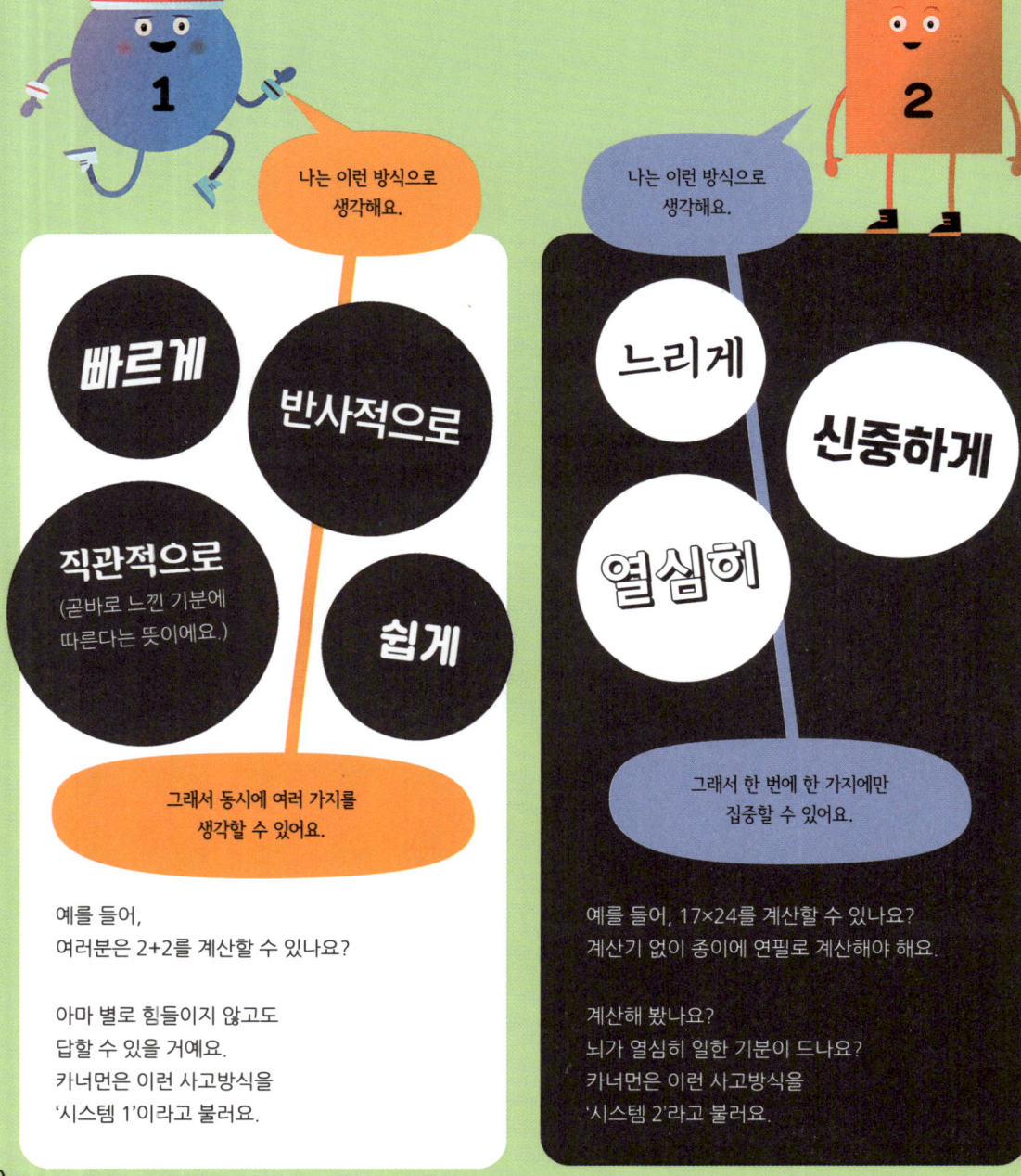

1 — 나는 이런 방식으로 생각해요.
- 빠르게
- 반사적으로
- 직관적으로 (곧바로 느낀 기분에 따른다는 뜻이에요.)
- 쉽게

그래서 동시에 여러 가지를 생각할 수 있어요.

예를 들어,
여러분은 2+2를 계산할 수 있나요?

아마 별로 힘들이지 않고도
답할 수 있을 거예요.
카너먼은 이런 사고방식을
'시스템 1'이라고 불러요.

2 — 나는 이런 방식으로 생각해요.
- 느리게
- 신중하게
- 열심히

그래서 한 번에 한 가지에만 집중할 수 있어요.

예를 들어, 17×24를 계산할 수 있나요?
계산기 없이 종이에 연필로 계산해야 해요.

계산해 봤나요?
뇌가 열심히 일한 기분이 드나요?
카너먼은 이런 사고방식을
'시스템 2'라고 불러요.

대개 우리는 함께 잘해 나가요.
나는 늘 활동적이어서, 주변 세상에 대한 의견과 느낌을
끊임없이 만들어 내요.

나는 활동적일 때가 많지 않아요.
그래서 종종 시스템 1이 결정하도록 놔둬요.
하지만 시스템 1에게 도움이 필요할 때면,
실수하지 않도록 내가 행동에 나서요.

나는 판단을 빨리하기 위해서 지름길을 찾아요.
모든 정보를 살필 시간이 없어서,
다음과 같은 것에 마음이 끌려요.

쉬운 것

맨 처음 본 것

이미 생각하고 있던 대로
확인시켜 주는 것

시스템 1의 사고방식은 유용하지만
인지 편향에 빠질 수 있어요.
그러지 않기 위해 내가 필요하지요!
나를 쓰는 방법으로는 이런 게 있어요.

뇌가 좀 더 힘들어할 만한 일을 해요.
희미하고 특이하게 적힌 글자를
읽는 일처럼요.
그러면 시스템 2가 깨어날 거예요.

시스템 1은 중요할 수도 있는
정보를 무시한다는 점을
꼭 기억해 두세요.
그러니 의도적으로 여러 사실을 찬찬히 살피며
구멍 난 곳을 메꾸는 게 좋아요.
그러면 여러분이 현재 가지고 있는 의견을
뒤집는 관점을 발견할 수도 있어요.

읽기 어려운
글자의 예로
이런 게 있지요.

나는 청소년은
죄다 무례하다고 생각해.
그러니 청소년들이 예의 바른 경우를
찾아봐야겠어.

기분이 어때요?

우리가 판단을 할 때 감정도 영향을 끼칠 수 있어요.
이런 일은 직접적으로 일어날 수도 있고,
아니면 미묘하게, 간접적으로 일어날 수도 있어요.

직접 효과

때때로 우리는 어떤 일을 판단할 때 그 일과 직접 관련이 있는 감정을 느껴요.

예를 들어, 같은 시간에 벌어지는 두 행사에 갈 일이 생겼다면, 어느 쪽을 선택할 건가요?

생일잔치 / 축구 경기

둘 중에서 못 갔을 때 더 **속상한** 기분이 드는 쪽이 있을 거예요. 이런 감정이 어느 쪽을 선택할지 결정하는 데 도움이 될 거예요.

뇌에서 '복내측 전전두엽 피질'이라고 하는 특정 부위는 판단과 관련된 감정 조절을 담당해요.
심리학자들은 이 부분이 손상된 사람을 연구해, 이러한 사실을 발견했어요.

이 여성은 차분한 성격에 성공한 사업가예요. 돈을 어디에 써야 할지 늘 올바른 결정을 했어요.

하지만 교통사고로 복내측 전전두엽 피질이 손상된 뒤, 화를 잘 내는 성격으로 변했고 돈 문제와 관련해 엉뚱한 결정을 내리기 시작했어요.

오늘은 회삿돈을 어디에 써야 하지?

이 사업가는 뇌 손상 때문에 감정 조절 능력이 떨어졌고,
이제 이 사람의 감정은 결정을 내릴 때 더 이상 안내자 역할을 할 수 없게 되었어요.
결국 회삿돈을 바보 같은 방식으로 써 버렸어요.

간접 효과

감정은 여러분이 결정하려는 문제와 아무 관련이 없을 때도 여러분의 판단에 영향을 미쳐요. 예를 들어, 감정에 따라서 우리는 위험을 다르게 받아들여요.

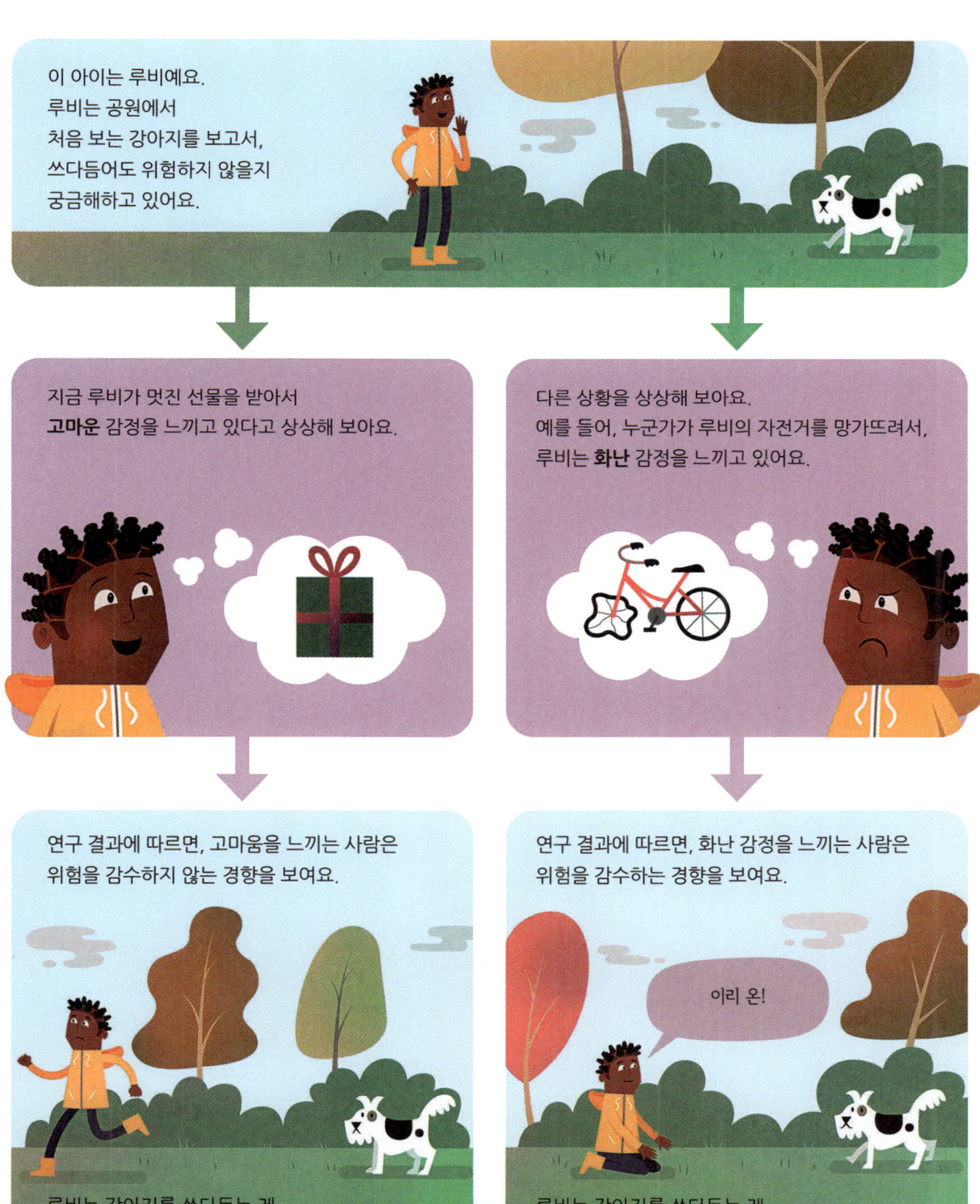

몸으로 생각하기

어떤 심리학자들은 우리가 판단을 내릴 때, 우리 몸 상태에 따라 판단이 달라질 수 있다고 생각해요.

한 가지 예로, 다음과 같은 실험이 있어요.

실험 참가자들에게 언덕 밑에 서서, 언덕에 올라가지 않고 언덕이 얼마나 가파른지 판단해 보라고 했어요.

이 실험 참가자들은 식사한 지 오래되었고, 무거운 배낭을 멘 상태였어요.

언덕의 경사가 얼마나 가파른지 판단하기 10분 전에, 참가자들은 각각 음료수를 한 잔씩 받았어요.

참가자 중 절반은 몸에 에너지를 주는 설탕물을 받았어요.

나머지 절반은 설탕을 넣지 않은 물을 받았어요.

설탕물을 마신 사람들은 언덕이 덜 가파르다고 판단했어요. 연구자들은 에너지가 많은 사람들은 언덕을 더 쉽게 오를 수 있다고 느꼈기 때문에, 언덕이 덜 가팔라 보이는 거라고 결론 내렸어요.

아래 두 실험은 손에 무거운 것이나 따뜻한 것을 들고 있을 때에도
판단에 영향을 받는다는 결과를 보여 줘요.

1 네덜란드에서 연구자들은 사람들에게 무거운 서류 받침대, 또는 가벼운 서류 받침대를
들고 있어 달라고 한 다음, 화폐에 대해 질문했어요.
이 실험으로 연구자들은 몸으로 느끼는 무게가 돈의 가치를 인식하는 데 영향을 준다고 생각하게 되었어요.

2 미국에서 연구자들은 사람들에게 따뜻한 음료 또는 차가운 음료를 들고 있으라고 했어요.

이 실험을 다시 한다면…

여러분은 이런 상황이 *여러분의* 판단에 영향을 끼칠 거라고 생각하나요?
어떤 심리학자들은 이러한 연구 결과를 믿지 않아요. 실험을 다시 했을 때, 결과가 달랐거든요.
심리학자들은 이런 결과가 나온 진짜 원인을 파헤치고 싶어 해요.
그러면 엄청난 성과를 낼 수 있을 거예요.
예를 들어, 경찰이 따뜻한 찻잔을 들고 있다가 범죄 용의자를 더 쉽게 믿어 버리면 안 되잖아요?

나도 모르는 사이에

뇌는 우리도 모르는 사이에 엄청나게 많은 일을 해요.
우리가 일일이 주의를 기울이지 않아도 되니 소중한 시간과 에너지를 아낄 수 있지요.
무의식적으로 하는 행동 중에는 다음과 같은 것들이 있어요.

뇌는 우리가 추위를 느낀다는 걸 알아채고, 몸을 덜덜 떨게 해서 체온을 높여요.

한번 자전거 타는 법을 익히면, 그다음에는 타는 방법을 생각하지 않아도 탈 수 있어요.

누가 공을 던지면, 뇌는 어디에 공이 떨어질지 예측해서 공을 잡을 수 있는 곳에 손을 내밀어요.

행복하거나 슬픈 사람을 보면, 자신도 모르게 그 표정을 따라 짓고 그 사람과 같은 감정을 느껴요. 이것을 **공감**이라고 해요.

연구자들은 무의식이 얼마나 세심하게 작용하는지 실험으로 보여 주었어요.
이 실험에서 지원자들은 두 개의 카드 더미에서 카드를 뽑는데,
이때 '위험 카드'를 뽑으면 돈을 잃어요.

카드 더미 1
이 더미에는 위험 카드를 하나도 넣지 않았어요.

카드 더미 2
여기에는 위험 카드가 많이 섞여 있어요.

카드를 여러 번 뽑은 뒤, 지원자들은 카드 더미 2에서 카드를 뽑을 때마다
땀을 흘리고 스트레스 징후를 보이기 시작했어요.
위험 카드는 모두 카드 더미 2에 들어 있다는 설명을 듣기 *전이었는데도* 그런 반응을 보였어요.
무의식적으로 카드 더미 2가 더 위험하다는 걸 알아챈 거예요.

의식적인 생각

한편 의식적인 생각은, 우리가 어떤 생각을 한다는 걸 *아는* 생각이에요.
그런데 우리가 *무의식적으로* 이렇게 많은 일을 할 수 있다면,
의식적인 생각은 무슨 쓸모가 있을까요?
어떤 심리학자들은 의식적인 생각 덕분에 인간이 복잡한 사회에서 살아갈 수 있다고 생각해요.
우리가 다음과 같은 발전된 일들을 할 수 있다는 뜻이죠. 예를 들어…

…내 행동을 바꿔서
단체의 규칙 따르기

…앞날의 계획 세우기

…다른 사람들과 합의하기

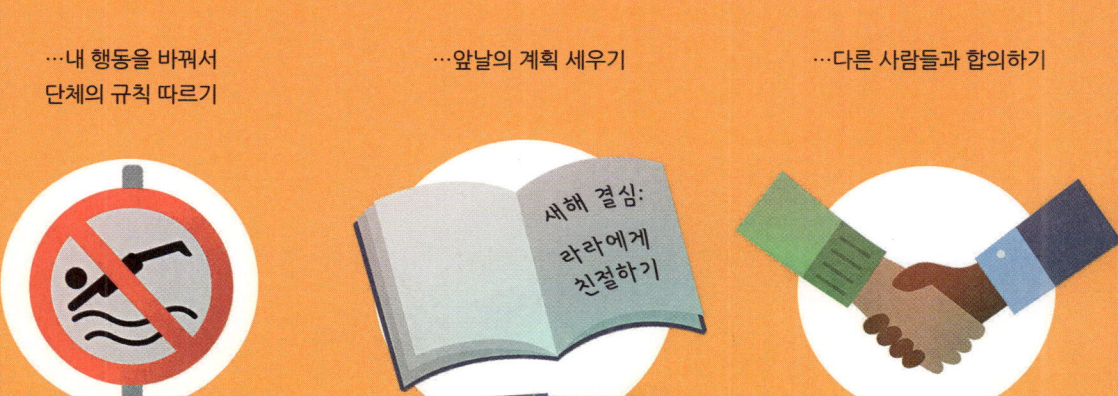

57

제4장
사람들 사이의 차이

모든 인간은 뇌가 있고,
우리 뇌는 거의 비슷한 방식으로 작동해요.
하지만 모든 사람은 저마다 특별하지요.
지능과 성격에서부터 얼마나 성취감을 느끼는지,
또는 어렸을 때 어떤 장난감을 좋아했는지에
이르기까지 모두 다 달라요.

심리학자들과 의사들은 이러한 차이점에 따라
사람들을 분류하고 점수를 매기는 방법을 알아냈어요.
이런 방식은 사람들을 비교할 때 도움이 되었지만,
그다지 믿을 만한 방법은 아니었어요.

지능

여러분은 아마도 자신이 꽤 똑똑하다고 생각할 거예요.
아니면 친구가 훨씬 더 똑똑하다고 생각할 수도 있고요.
그런데 우리는 사람의 어떤 면을 보고 *똑똑하다*고 여길까요?

오랜 세월에 걸쳐 심리학자들은 다음과 같은 일을 할 수 있는 능력을 지능으로 정의했어요.

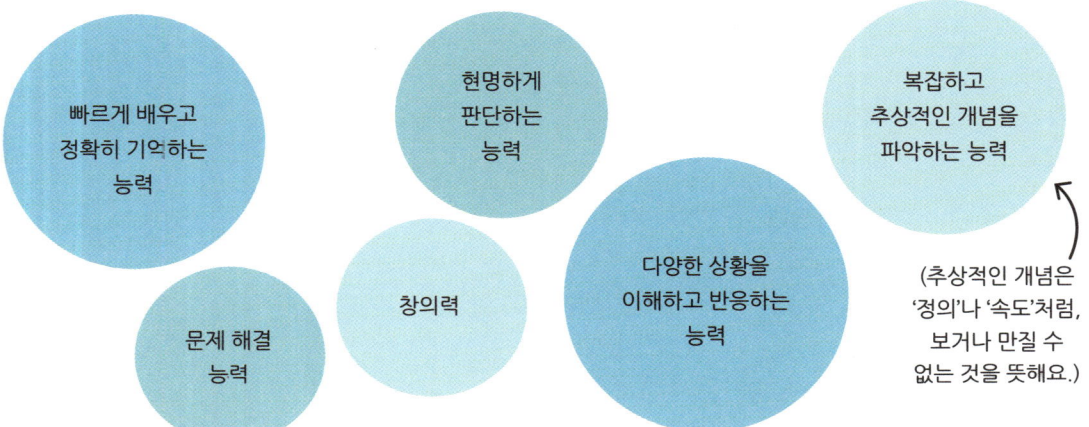

- 빠르게 배우고 정확히 기억하는 능력
- 현명하게 판단하는 능력
- 복잡하고 추상적인 개념을 파악하는 능력 (추상적인 개념은 '정의'나 '속도'처럼, 보거나 만질 수 없는 것을 뜻해요.)
- 문제 해결 능력
- 창의력
- 다양한 상황을 이해하고 반응하는 능력

심리학자들은 지능을 평가하기 위해서 검사지를 만들었어요. 다음은 그런 검사지의 예시 문제예요.
여러분도 풀어 보세요! 정답은 다음 쪽 맨 밑에 있어요.

1 이 두꺼운 종이를 접어서 정육면체를 만든다면, 다음 중 어떤 것이 될까요?

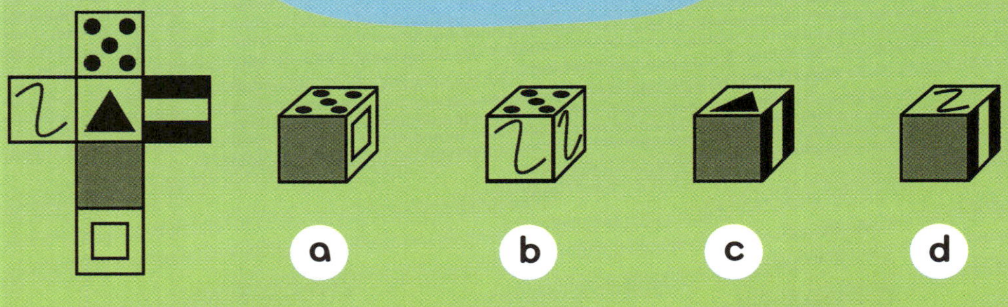

a   b   c   d

이 문제는 사물을 머릿속으로 정확히 그릴 수 있는지,
그 사물을 이리저리 돌려서 입체적으로 상상할 수 있는지 테스트해요.

2

다음 중 숫자와 알파벳이 똑같이 나열된 것은 몇 쌍인가요?

CDDG15jtAwAe

CDDG15itAwAe

wmUnK2JUtqIS

wmUnK2JUtqIS

mJgF5hXZqU4I

mJgF5hXZqU4I

CSNn33S4Ywlu

CSNn3S34Ywlu

85qfJ64cb455

85qfJ64cb545

이 문제는 세부적인 것을 눈으로 빠르게 찾아낼 수 있는지 테스트해요.

3

아래 두 가지 사실을 읽어 보세요.

사실 1: **어떤** 나무는 초록색이다.
사실 2: **모든** 나무는 몸통이 있다.

자, 이 말은 **모든** 초록색 나무는 몸통이 있다는 뜻일까요?

이 문제는 논리적 규칙을 파악할 수 있는지 테스트해요.

4

다음 중 뜻이 같은 낱말은?

ⓐ 걷다   ⓑ 도둑질하다   ⓒ 저글링하다   ⓓ 훔치다   ⓔ 발견하다

이 문제는 어휘력을 테스트해요.

이런 문제를 다 풀고 나면 점수를 매겨요. 그러면 다른 사람과 비교할 수도 있지요.
학교나 직장에서 어떤 자리나 업무를 주면 좋을지 결정하기 위해 이런 검사를 시행할 수 있어요.

정답: ① ㄷ ② 2쌍 ③ 네 ④ b와 d

공정한 검사일까요?

심리학자들은 1세기가 넘는 동안 지능 검사지를 개발하고 개선해 왔어요.
지금은 대체로 지능 검사가 잘 맞는다고 생각해요.
하지만 일부에서는 아직도 몇 가지 결함을 지적해요.

지능 검사에는 단어의 뜻을 묻는 문제도 나와요.
이것은 타고난 지능보다는 지금까지 받은 교육을 측정하는 문제 아닌가요?

맞아요, 그럴 수 있어요.
하지만 지능 검사는 앞으로 얼마나 더 많이 배울 수 있는지 예측하는 것이기도 해요.
지금 무엇을 아는지 파악하면 예측을 잘할 수 있겠지요.

만약 지능 검사를 하는 동안
긴장되고 집중력이 떨어진다면 점수가 낮게 나올 거예요.
이럴 때 점수만 보고 지능이 낮다고 말할 수는 없잖아요?

훈련받은 심리학자와 일대일 검사를 받으면 괜찮을 거예요.
검사받는 사람이 집중력이 떨어졌거나 배고프거나 불안하다면,
잠시 멈췄다가 나중에 다시 보게 할 수 있을 거예요.

하지만 그 심리학자가 잘하는 사람이 아니면요?

그러면 문제가 되겠죠.
하지만 대다수 심리학자는 능숙하니까 지능 검사는 잘 진행될 거예요.
하지만 매번 한 사람 한 사람에게 정확히 맞추지 못할 가능성이 있는 건 사실이에요.

창의력이나 건강한 관계를 형성하는 능력처럼,
검사지로 할 수 없는 것들은 어떻게 하나요? 이런 문제도 중요하잖아요!

맞아요, 중요하죠!
그래서 지능 검사 점수만으로 한 사람의 재능을 다 알 수는 없어요.

문화 차이

심리학자들은 문화권에 따라 지능 검사지의 문제가 더 어렵거나 쉬울 수도 있다는 사실을 잊어서는 안 돼요. 그러지 않으면 공평하지 않은 결과를 얻게 될 거예요. 왜 그런지 아래와 같은 실험에서 확인할 수 있어요.

1979년, 유럽에 있는 영국과 아프리카에 있는 잠비아의 어린이를 대상으로 실험을 했어요. 나이가 같은 어린이들에게 자동차 그림을 보고 그대로 똑같이 표현하게 했어요.

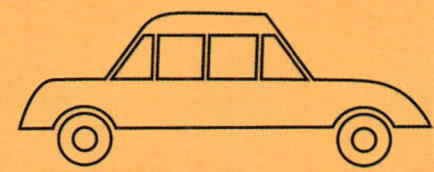

어린이는 저마다 자동차를 두 가지 방법으로 표현했어요.

자동차를 그림으로 그리고…

…또한 철사로 자동차를 만들었어요.

잠비아 어린이들은 철사로 자동차 모양을 만들기를 더 잘했어요. 이 아이들은 철사로 만들기를 더 많이 해 봤거든요.

영국 어린이들은 자동차를 그림으로 그리는 걸 더 잘했어요. 이 아이들은 그림 그리기를 더 많이 해 봤기 때문이에요.

이보다 이전인 1960년대와 1970년대에 실험했을 때는, 아프리카 어린이들에게 *그림만* 그리도록 했어요. 아이들이 그림으로 잘 표현하지 못하자, 연구자들은 아프리카 아이들은 *지능이 높지 않다고* 추측했어요. 사실은 연구자들이 잘못 판단한 것이지요. 검사 방식 자체가 옳지 않았어요.

성격

똑같은 사람은 없어요. 사람은 모두 다른 방식으로 생각하고,
다른 감정을 느끼고, 다르게 행동해요. 우리는 각자 자기만의 고유한 **성격**을 지녔어요.
심리학자들은 성격이 다양한 자질, 즉 **특질**이라는 것으로 이루어졌다고 생각해요.

성격의 5대 특질

많은 심리학자가 사람의 성격에는 다섯 가지 주요 특질이 있다고 생각해요.
이것을 '성격의 5대 특질'이라고 해요.
사람은 저마다 각 특질의 연속선상에서 특정한 위치를 차지한다고 보았어요.

여러분은 각 특질마다 어디쯤에 있나요?

1 나는 새로운 경험에 마음이 **열려** 있는가?

나는 새로운 장소나 음식, 음악을 찾는 것을 좋아한다.

별로 그렇지 않다 → 매우 그렇다

나는 반복적인 일상을 유지하기를 좋아한다.

2 나는 **성실**한가?

나는 아주 계획적이다. 목표를 높이 세우고 마음먹은 일은 언제나 끝낸다.

별로 그렇지 않다 → 매우 그렇다

나는 생각이 유연하고 즉흥적이다. 하지만 계획적이지 않고, 정돈을 잘 못하며, 자주 늦는다.

3 나는 **친화적**인가?

나는 아주 다정하고 사람들을 기쁘게 해 주길 좋아한다. 사람들은 나를 믿고 나도 그들을 신뢰한다.

별로 그렇지 않다 → 매우 그렇다

다른 사람들과 틀어지더라도, 내 생각을 주장한다.

4 나는 **외향적**인가, **내향적**인가?

> 나는 사람들의 관심을 받는 것을 좋아한다.

내향적이다 ──────────────────────▶ 외향적이다

> 나는 부끄럼이 많고 여러 사람과 함께 있는 것을 좋아하지 않는다.

5 나는 **스트레스**를 많이 받거나, **신경이 예민**한가?

> 나는 늘 걱정한다. 그래서 다른 사람의 감정도 많이 생각하게 된다.

별로 그렇지 않다 ──────────────────────▶ 매우 그렇다

> 나는 언제나 차분하다.

이런 방식으로 성격을 분석하면,
행복해지기 위해서 나한테 또는 누군가에게 무엇이 필요한지 알아낼 수 있어요.
다음의 예를 보세요.

내향적인 사람들은 여러 사람과 함께 시간을 보내면 오히려 에너지가 바닥난다는 걸 알게 되었어요.

> 마음이 지치면, 혼자만의 시간을 가지며 재충전해요.

신경이 예민한 사람들은 안심시켜 주는 게 필요해요.

> 내 친구는 시험 보기 전에 스트레스를 심하게 받아요. 그래서 친구를 응원하고 안심시켜 주었어요.

상황 아니면 사람?

많은 심리학자가 사람들이 생각하고 느끼고 행동하는 것에
영향을 끼치는 건 성격 특질만이 아니라고 말해요.
그보다는 이러한 특질들과 상황이 결합해 영향을 준다고 생각해요.

나도 파티는 좋아해.
하지만 일주일 내내 저녁마다 춤췄더니,
지금은 그냥 혼자 책이나 읽고 싶어!

다른 사람들과 얘기하는 걸 좋아하지만
지금은 안 할래.
'얘기를 나눌 상황'이 못 되니까.

나는 원래 친절한 사람이야.
하지만 저 사람이 나를 예의 없게 대해서
나도 예의 없게 굴었어.

나는 별로 계획적이지 않은 사람이야.
하지만 2주 뒤가 시험이라서,
공부 계획을 짜서 열심히 공부하는 중이야.

사람들은 누가 보고 있느냐에 따라 전혀 다른 모습을 드러내 보이기도 해요.

나는 원래 느긋하고 웃길 때도 있지만,
직장에 면접 보러 가기 때문에
똑똑하고 진지한 사람인 척하고 있어요.

성격 장애

성격의 5대 특질은 심리학자들이
성격 장애가 있는 사람들을 이해하고 돕기 위해서도 활용하고 있어요.

자기애성 성격 장애가 있는 사람들은 다음과 같은 특성을 보여요.

- 자신을 지나치게 중요한 사람이라고 생각해요.
- 무한한 권력과 성공을 꿈꿔요.
- 다른 사람을 동정하는 마음이 부족해요.
- 엄청난 관심을 원해요.

5대 특질의 점수
외향성: 높음
친화성: 낮음

이런 문제를 겪는 사람들은 전문 치료사와 이야기를 나누는 게 도움이 돼요.
남들과 경쟁할 필요를 느끼지 않아도 되는, 건강한 관계를 맺는 방법을 배울 수 있을 거예요.

또 다른 문제로, **강박성 성격 장애**가 있는 사람은 다음과 같은 특성을 보여요.

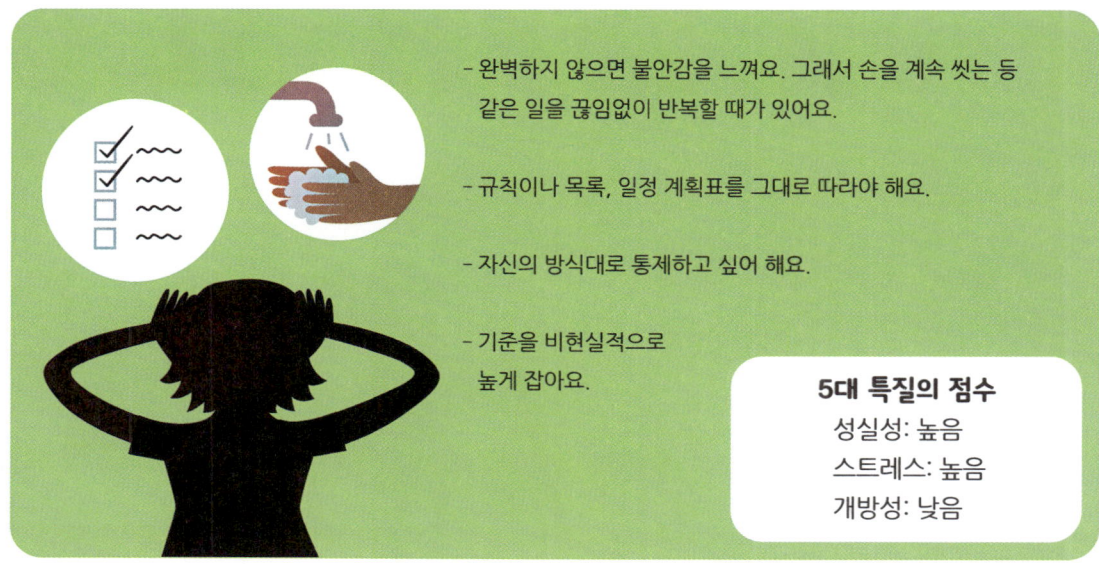

- 완벽하지 않으면 불안감을 느껴요. 그래서 손을 계속 씻는 등 같은 일을 끊임없이 반복할 때가 있어요.
- 규칙이나 목록, 일정 계획표를 그대로 따라야 해요.
- 자신의 방식대로 통제하고 싶어 해요.
- 기준을 비현실적으로 높게 잡아요.

5대 특질의 점수
성실성: 높음
스트레스: 높음
개방성: 낮음

이런 문제를 겪는 사람들은 전문 치료사와 정기적으로 이야기를 나누면서,
어떤 생각이나 감정, 행동에 지나치게 사로잡혀 있는 상태에서 벗어날 수 있게 노력할 수 있어요.

자신에 대한 느낌

자기 자신을 어떻게 바라보는지,
즉 스스로가 그리는 자기 모습을 **자아상**이라고 해요.
자아상에는 외모나 성격적 특질, 살면서 맡게 되는 다양한 역할 등이 포함돼요.

자존감은 스스로 생각하는 자기 자신의 모습을 얼마나 좋아하는지를 나타내요. 심리학자들은 우리가 이상적 자아와 현재 자아상을 비교하면서 자존감을 결정한다고 말해요.

이상적 자아와 현재 자아상의 차이가 크면 자존감이 낮아져서 견디기 힘들 거예요.
그러면 불안감을 느끼게 되지요.

내가 최고야

낮은 자존감 때문에 힘들어하는 사람도 있지만, 서양 문화권에 속한 사람들은 대체로 자신이 다른 사람보다 더 뛰어나다고 과장하는 경향이 있어요.

> 나는 다른 사람들보다 자전거를 빨리 달려요.

> 나도 그래요.

> 나도요.

> 나는 보통 사람들보다 더 똑똑해요.

> 나도 그래요.

> 나도요.

> 난 다른 사람들보다 스스로를 잘 파악하고 있어요.

> 나도 그래요.

> 나도요.

> 잠깐만요! 수학적으로 모든 사람이 평균 이상일 수는 없어요!

연구에 따르면, 사람들은 실제 실력이 부족할수록 자신의 실력을 더 과장한다고 해요. 무능한 사람은 자신이 능력이 없다는 사실을 알 수 있는 기술이 부족한 건지도 몰라요.

내가 최고는 아니야

심리학자들은 동아시아 사람들이 서양 사람들에 비해 개인의 자질을 과장할 가능성이 *훨씬 적다*는 사실을 알아냈어요.

> 제가 남들보다 더 열심히 하는 건 아니에요. 모두가 다 열심히 해요.

심리학자들은 동아시아 문화를 '집단주의'라는 말로 설명해요. 동아시아 사람들은 개인적인 필요보다 전체 공동체의 필요를 더 중요하게 여기는 경향이 있다는 거지요.

만족을 찾아서

자신에게 완전히 만족하는 사람이 되고 싶나요?
심리학자들은 자신에게 만족하는 사람들에게는
대체로 다음과 같은 공통점이 있다는 것을 발견했어요.

완전히 푹 빠져들 수 있는 활동을 해요.

목표를 세우고 성취해요.

오늘은 해변의 이 구역을 청소해야지.

삶의 목적이 있어요.

자연 보호를 위해 내가 할 수 있는 일을 할 거야.

실수했을 때라도 자신을 있는 그대로 받아들여요.

다른 사람을 배려하고 신경 써요.

이 구두를 신으면 모두가 여러분을 좋아할 거예요.

즉시 구매!

제가 참 바보 같다니까요! 앞을 안 보고 휴대 전화만 보고 걸었네요. 걱정 마세요.

괜찮으세요? 도와드릴까요?

말도 안 되는 소리야!

현실적으로 생각해요.

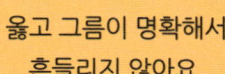

남자와 여자

사람들은 누군가가 어떤 사람인지 설명할 때, 종종 남자인지 여자인지를 먼저 말할 거예요.
그런데 이런 구분은 무엇을 뜻할까요? 우리는 남녀를 단순히
생물학적으로 나누기도 하지만, 사회적으로 구분하기도 해요.
조금 헷갈릴 수도 있지만, 어떤 차이가 있는 말인지 알아보아요.

성별

성별이라고 하면,
일차적으로 생물학적인 성을 말해요.
아기가 태어나면 부모님과 의사 선생님은
아기의 생식기를 보고 성별을 구분해요.

음경이 있으면 **남성**이고,
음순이 있으면 **여성**이에요.

출생증명서
출생일: 2018년 7월 15일
이름: 오로라 브루이스
성별: 여자

하지만 그렇게 간단한 문제가 아니에요. 생물학적인 성은 내부 장기에서부터
유전자, 혈액 속 화학 전달 물질(호르몬)에 이르기까지 여러 가지를 고려할 때, 다양해질 수 있거든요.
세계 인구의 약 1~2퍼센트는 **간성**으로 표현돼요.
이 사람들은 다른 성별 특성을 동시에 지니고 있어요.

내 유전자를 현미경으로 본 사람은,
나를 남자라고 생각할 거예요.

하지만 내 호르몬을 본다면,
내가 여자라는 생각이 들 수 있어요.

내 성기는 남성과 여성의 중간쯤으로 보이는데,
남성보다는 여성에 더 가깝긴 해요.

과거에는 간성으로 태어난 아기는 의학적으로 빨리 치료해야 할 병이 있는 거라고 생각했어요.
아기가 '정상적인' 남자아이 또는 여자아이로 보이도록 해야 한다는 거지요.
하지만 지금은 많은 심리학자와 의사가 무엇을 '정상'으로 볼 것인지, 좀 더 열린 마음으로 대해요.
아이가 건강하기만 하면, 성장하면서 자신에게 필요한 것을 스스로 해결하도록
시간을 주는 게 더 좋을지도 몰라요.

젠더(성별)

성별을 말할 때 일차적인 생물학적 성별과 조금 다른 표현을 하기도 해요. 그럴 때 주로 쓰는 **젠더**라는 말도 영어로 '성별'이라는 뜻이지만, 스스로 자신을 남자 또는 여자로 여기는지, 둘 다 아니거나 둘 다인지, 아니면 둘 사이로 인식하는지를 나타낼 때 사용해요. 어떤 사람들은 자신이 어떤 성별(젠더)인지 확실하게 느껴요. 반면에 자신이 어느 쪽인지 혼란스러워하거나 시간이 지나면서 변하는 사람들도 있어요. 사람들은 또한 스스로의 성별(젠더)을 여러 가지 방식으로 표현해요.

> 나는 여자고, 원피스를 즐겨 입어요.

> 나도 여자예요. 하지만 치마는 절대 안 입어요.

> 사람들은 내가 태어날 때부터 여자였다고 하지만, 사실 나는 늘 내가 남자라고 생각했어요. 스스로를 남자로 표현할 때 훨씬 더 편안하고, '그녀석'으로 불리는 게 좋아요.

자기 자신을 남자로도, 여자로도 규정하지 않는 사람들도 있어요. 성별 이분법에서 벗어난 사람들이라는 뜻에서 **제3의 성**이라고 표현해요.

스스로 느끼는 자신의 성별(젠더)이 태어나면서 정해진 생물학적인 성별과 정신적인 성이 일치하지 않는 사람을 **트랜스젠더**라고 해요. 반면에 이 두 성별이 같은 사람은 **시스젠더**라고 부르죠.

> 나는 사람들을 남자 아니면 여자, 딱 두 가지로 나누는 걸 늘 이상하다고 느꼈어요. 나는 어느 쪽에도 속하지 않으니까, 나를 그 남자, 그 여자 말고 '그 사람'이라고 불러 주면 좋겠어요.

> 나는 분명 남자예요. 이 사실을 의심해 본 적이 없어요.

자기 자신을 스스로 어떻게 보느냐는 우리 마음에 엄청난 영향을 주어요. '남성' 또는 '여성'이라는 꼬리표는 간단히 붙일 수 없는 문제이지만, 심리학자들은 여전히 남자와 여자의 마음이 어떤 차이가 있는지 관심이 많아요. 다음 쪽에서 더 자세히 알아봐요.

기대감

많은 사람이 여자아이는 이렇게 행동하고, 남자아이는 저렇게 행동할 거라고 기대해요. 심리학자들은 사람들의 이러한 추정이나 짐작 등을 연구해, *기대감*이 사람들의 행동에 얼마나 영향을 끼치는지 살펴봤어요.

추정: 남자아이는 여자아이보다 수학을 더 잘한다.

실험 1
여학생과 남학생이 같은 수학 시험을 봤어요. 시험을 보기 전에 학생들은 모두 여학생들이 언제나 남학생들보다 수학을 잘 못한다는 말을 들었어요.

실험 2
비슷한 학생들로 구성된 다른 그룹도 같은 수학 시험을 봤어요. 이번에는 모든 학생에게 여학생과 남학생 모두 똑같이 수학을 잘한다는 말을 해 주었어요.

결과
여학생들이 시험을 더 못 봤어요.

결과
여학생이나 남학생 모두 비슷한 결과가 나왔어요.

추정: 남자아이는 여자아이보다 더 공격적이다.

실험 1
여학생과 남학생들은 폭탄을 떨어뜨리는 활동이 들어 있는 비디오 게임을 했어요. 학생들은 자신이 여자인지 남자인지 실험자들이 안다는 사실을 인지하고 있었어요.

실험 2
비슷한 그룹의 학생들에게 같은 실험을 했어요. 단, 이 그룹 학생들은 실험자를 만나지 않았기 때문에 자신들이 여자인지 남자인지 실험자들이 모른다는 사실을 알고 있었어요.

결과
여학생들은 남학생들보다 폭탄을 덜 떨어뜨렸어요.

결과
여학생들은 남학생들만큼 폭탄을 떨어뜨렸어요.

두 종류의 실험에서, 여자아이와 남자아이를 둘러싼 *기대감*은 두 집단 사이에 차이점을 가져왔어요.

또 다른 연구에서는 어른들에게 노란색 옷을 입힌 아기를 보여 주었어요.
태어난 지 3개월 된 아기였어요.

장난감으로 늘 인형을 받은 여자아이는 인형을 더 좋아하게 될 수도 있어요.
가장 친숙한 장난감이니까요.

심리학자들은 아기들이 어떤 장난감을 더 좋아하는지 연구하기 위해,
아기 주위에 장난감을 죽 늘어놓고 아기가 어떤 장난감을 집는지 관찰했어요.
9개월 된 아기들 중에서, 여자아이들은 인형이나 냄비, 분홍색 곰 인형을 더 많이 선택했고,
남자아이들은 굴착기나 공, 파란색 곰 인형을 더 많이 선택하는 경향을 보였어요.

왜 그럴까요? 아기들의 *생물학적 성별*과 관련된 무언가 때문에
남자아이는 굴착기를 선택하고 여자아이는 인형을 선택했을 *가능성도* 있어요.
하지만 이처럼 아주 어렸을 때부터 받아 온 어른들의 기대감이 영향을 끼쳤을 가능성이 매우 높아요.

다양한 뇌

뇌는 다양한 방식으로 발달해요.
때때로 어떤 사람들은 특별한 문제 때문에 힘들어해요.
많이 힘들다면 질환으로 진단받을 수도 있어요.

과거에는 누군가에게 진단을 내리면 그 사람에게 무언가 *잘못된* 부분이 있다고 생각했어요.
하지만 요즘에는 많은 심리학자가 그런 문제가 나타나는 건
그저 뇌가 조금 *다르게* 작동한 때문이라고 생각해요.
이것을 **신경 다양성**이라고도 말해요.

나는 아주 창의적이에요.
하지만 쉽게 산만해지고,
때로는 지시 사항을
따르기가 힘들어요.

나는 'ADHD',
즉 '주의력 결핍 과잉 행동 장애'라고
진단받았어요.

나는 글을 아주 일찍 깨쳤어요.
하지만 다른 사람들의 표정이나
몸짓 언어를 잘 이해하지 못해요.
밝은 조명이나 시끄러운 소음은
견디기가 힘들고 스트레스를 많이 받아요.

나는 자폐증이라고
진단받았어요.

나는 그림이나 사진을 아주 잘 기억해요.
하지만 읽고 쓰는 건 느려요.
단어를 쓸 때 철자 순서가 헷갈려요.

나는 난독증이 있다고
진단받았어요.

나는 생각이 아주 빨라요.
하지만 나도 모르게 소리를 내거나 몸을 움직여요.
이걸 '틱'이라고 하는데, 경련이라는 뜻이에요.

나는 음성 틱과 운동 틱이
다 나타나는 투렛 증후군을
진단받았어요.

신경 다양성 개념에 찬성하는 심리학자들은 문제는 개인이 아니라 그 사람이 살고 있는 *사회*라고 생각해요. 따라서 직접적인 치료보다도 아래와 같은 방법으로 주변 환경을 조절하는 게 더 낫다고 여겨요.

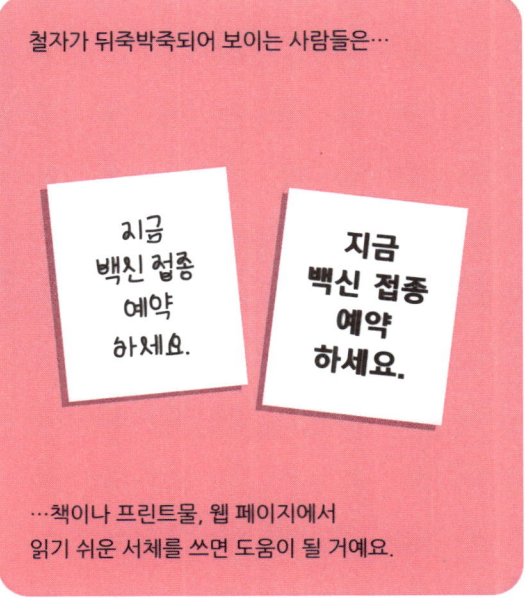

하지만 어떤 심리학자들은 여전히 새로운 치료법을 *찾아내야* 한다고 생각해요. 이런 증상이 심하게 나타나는 사람에게는 치료야말로 만족스러운 삶을 꾸려 나가는 데 최선의 방법일 수 있으니까요.

제5장
계속해서 성장해요

우리는 어떻게 아주 작은 세포에서
지금과 같은 모습이 되었을까요?
우리의 몸과 마음은 변화의 과정을 거쳐요.
이것을 **발달**이라고 해요.

우리 몸속 세포에 들어 있는 정보와
우리를 둘러싼 주변 세계가 함께 작용해서
이루어 낸 놀라운 변화지요.

태어나기 전에

발달은 아기가 세상에 태어나야만 시작되는 건 아니에요.
아기가 엄마의 자궁 안에서 자라는 아홉 달 동안에 발달은 더욱 눈에 띄게 이루어져요.

태아의 뇌는 임신 4주부터 형성되기 시작해요.

자궁에서는 태아의 뇌세포가 1분당 25만 개씩 만들어져요.

태아의 촉감은 2개월쯤부터 발달해요.

4개월이 되면 미각을 느끼는 혀의 맛봉오리(미뢰)가 기능하는데, 단맛을 더 좋아해요.

5개월부터는 듣기 시작하고, 6개월쯤에는 엄마의 목소리를 인식해요.

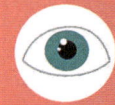

7개월쯤에는 눈을 떠요. 눈을 깜빡이기도 하고, 주변의 빛을 희미하게 느낄 수 있어요.

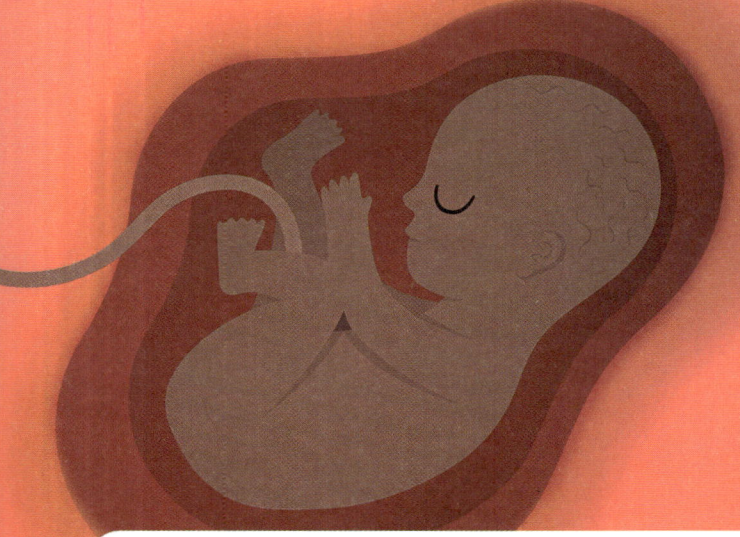

배 속에 있는 아기도 배울 수 있나요?

연구자들은 그 답을 알아내기 위해, 임신부들에게 한 달 동안 배 속 태아에게 날마다 시를 읽어 주라고 했어요.

그런 다음, 다른 여성에게 원래 읽어 주던 시와 새로운 시를 읽어 주게 했어요.

태아가 늘 듣던 시를 읽어 주었을 때는 낯선 목소리에도 태아의 심장 박동에 변화가 없었어요. 하지만 새로운 시를 읽어 주었을 때는 변화가 생겼어요.

이 실험은 아기들이 태어나기 전에도 소리를 학습할 수 있다는 걸 보여 줘요.

똑똑한 아기

아기의 뇌는 얼마나 발달한 상태일까요? 아기가 태어나면 자궁에 있을 때보다 테스트하기가 좀 더 쉽지만, 그래도 기발한 실험이 필요해요.

점무늬

다음은 태어난 지 한 달 된 아기들도 무늬나 숫자, 모양, 얼굴을 구별할 수 있다는 걸 보여 줄 때 하는 실험이에요.

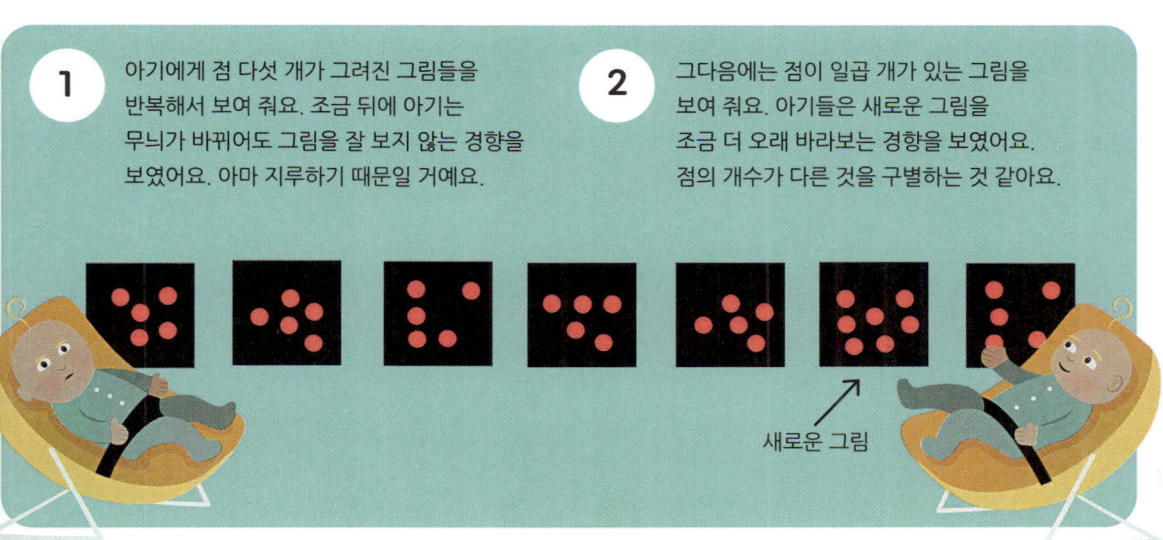

1 아기에게 점 다섯 개가 그려진 그림들을 반복해서 보여 줘요. 조금 뒤에 아기는 무늬가 바뀌어도 그림을 잘 보지 않는 경향을 보였어요. 아마 지루하기 때문일 거예요.

2 그다음에는 점이 일곱 개가 있는 그림을 보여 줘요. 아기들은 새로운 그림을 조금 더 오래 바라보는 경향을 보였어요. 점의 개수가 다른 것을 구별하는 것 같아요.

새로운 그림

이게 나예요?

아기들이 언제 자신을 인식하는지 알아내기 위해서, 연구자들은 아기가 잠자고 있을 때 코끝에 점을 그렸어요. 아기가 잠에서 깼을 때, 아기를 거울 앞에 앉혔어요.

18개월이 안 된 아기들은 거울에 비친 점을 만졌어요.

안녕? 이게 뭐야?

18개월이 넘은 아기들은 자기 코를 만졌어요. 거울 속에 비친 모습과 자기 자신을 연결 지은 거예요.

내 코!

사랑은 중요해요

어린이가 건강하게 발달하려면 음식과 보금자리와 보호만으로는 부족해요.
아이들은 그 밖에도 사랑과 보살핌이 필요해요.
동물학자들이 아기와 보호자의 관계가 중요하다는 것을 처음으로 연구했어요.

이 새끼 거위들은 알에서 깼을 때부터 내가 보살폈어요.
그랬더니 지금은 어디를 가든 나를 따라다녀요.

콘라트 로렌츠(동물학자)의
1935년 연구

새끼 거위들은 **각인**이라고 하는 빠르고 본능적인 과정을 거쳐요. 각인은 머릿속에 새기듯
기억하는 것을 말하는데, 새끼들은 각인된 보호자만 졸졸 쫓아다녀요. 그래야 안전하니까요.
사람 아기와 양육자 사이에 유대감이 생기는 데는 조금 더 시간이 걸려요.
이런 유대감을 **애착**이라고 해요.

아기는 귀여운 얼굴로 웃음 짓거나
울기도 하면서, 부모님이 자신들과
유대감을 쌓도록 자극하지요.

아빠가 잡아 줄게,
걱정 마.

바바바바!

애착은 아기와 양육자가 서로 가까이
있고 싶은 마음이에요. 애착이 형성되면
양육자는 아기에게 무엇이 필요한지
쉽게 알 수 있어요.

심리학자들은 안전하며 사랑받는다고 느끼는 아이들은 성장해 가면서 더욱 자신감이 넘치고,
다른 사람들과 새로운 관계를 훨씬 쉽게 발전시킨다는 사실을 발견했어요.

이 연구로, 아이와 부모에 대한
사람들의 생각이 달라졌어요.

예를 들어, 예전에는 병원에서
아이들을 부모님과 종종 따로 있게 했지만,
이제는 그러지 않아요.

생각하는 법 배우기

아이들이 잘못 인식하는 부분을 보면,
우리가 세상을 생각하고 이해하는 법을 어떻게 배우는지 알 수 있어요.
심리학자들은 어린아이들을 대상으로, 고전적인 심리학 문제를 실험해 보았어요.

통 속을 아직 보지 않은 사람은 사탕이 들었다고 생각할 거예요. 하지만 네 살이 안 된 아이들은 '다른 사람'이 어떻게 생각하는지 이해하기가 힘들어요. 심리학자들은 이것을 **마음 이론**이라고 해요. 아이들은 자라면서 다른 사람을 이해할 수 있는 **마음 이론**을 발달시켜요.

정체성 발달

아이들은 점점 자라면서, 정체성이 점점 강하게 발달해요.
다음은 청소년들이 자신이 누구인지 알아내기 위해 스스로 던지는 질문이에요.
이 질문에 어떤 특징이 있는지 눈치챘나요?

- 선생님들은 나를 어떻게 생각할까?
- 내가 어떻게 하면 부모님이 자랑스러워할까?
- 어떤 동아리나 스포츠 팀에 들까?
- 어떤 친구들 무리에 낄까?
- 어떻게 하면 멋져 보일까?
- 어쨌든 나한테 어울리는 건?
- 왜 나는 할머니 댁에 갔을 때랑 친구랑 있을 때가 다를까?

질문에 다른 사람들 얘기가 많이 나와요.

청소년들은 자신을 다른 사람과 비교하고,
다양한 정체성을 시도해 보면서 자신이 누구인지 탐구하는 경향이 있어요.
어른이 되어서도 정체성이 계속 발달하지만,
다른 사람이 어떻게 생각하는지에 대해서는 덜 신경 쓰는 편이에요.

뇌 속에서는

몇몇 뇌 과학자들은 어른과 청소년 사이에 왜 이런 차이가 나는지 연구했어요.
어른들과 청소년들에게 자신에 대해서 생각해 보라고 한 뒤, 두 집단의 뇌 스캔을 비교했어요.
그 결과 청소년들은 어른들과는 다른 뇌 부분을 사용한다는 걸 알아냈어요.

나는 누구지? — 어른의 뇌
다른 사람들은 나를 어떤 사람으로 볼까? — 청소년의 뇌

청소년들은 자기 자신에 대해 생각할 때,
어른들이 다른 사람을 생각할 때 쓰는 뇌 부분을
사용하는 것처럼 보여요.

이것은 청소년들의 정체성은,
다른 사람들이 자신을 어떻게 생각하는지에
더 영향을 받는다는 생각과 일치했어요.
하지만 아직도 정체성에 대해서는
밝혀지지 않은 게 많아요.

계속해서 성장해요

어린이가 보기에, 어른은 성장이 멈춘 듯이 보일 거예요.
하지만 사람은 평생에 걸쳐 계속 발달해요. 물론 노년기에도요.
노화는 변화를 만들어 내는 중대한 요인이에요.

새로운 힘

나이가 들면서, 뇌는 어떤 것은 더 잘하고, 어떤 것은 더 못하게 돼요. 지능 검사를 보면, 노인과 젊은이는 서로 다른 영역에서 두각을 나타내요.

쓰지 않으면 사라져요

뇌는 시간이 흐르면서 사용하지 않는 뉴런은 없애 버려요. 그러면 남아 있는 뉴런들이 더욱 일을 잘할 수 있거든요.

이 말은, 사람들이 정신적 또는 육체적으로 단련하지 않으면, 그 기능을 영영 잃어버린다는 뜻이에요.

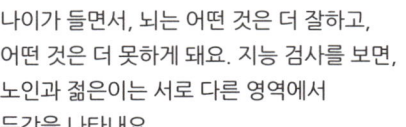

새로운 것을 배우고 적응하기

경험과 지식

내가 아직 요가를 할 수 있을까?

뇌를 보호하기

점점 나이가 들수록, 사람의 뇌는 **알츠하이머**나 **치매** 같은 질병에 더 약해져요. 이런 병이 생기면 뇌가 제대로 기능하지 못해요.

뭔가를 배우고, 사람들과 어울리고, 취미 활동을 하면서 생각하는 능력을 계속 발달시키면 실제로 뇌를 보호하는 데 도움이 된다는 사실이 증명되었어요. 하지만 전문가들이 보기에는 아직도 이런 질병에 관해 연구해야 할 게 많아요.

새로운 취미 생활을 시작했어요!

무엇이 나를 특별한 존재로 만들까요?

다음 두 가지 힘이 우리의 생김새, 사고방식, 행동을 형성해요.

유전자

몸속 세포에는 **유전자**라고 하는 설계도가 들어 있어요. 유전자의 절반은 엄마한테서, 절반은 아빠한테서 왔어요. 이 유전자들이 우리 몸을 어떻게 만들지 알려 줘요.

나는 부모님에게 직모 유전자를 받았어요.

환경

환경은 우리를 형성하는 외부적인 조건이에요. 우리가 어떻게 자랐고, 어떤 친구를 사귀었으며, 무엇을 먹었는지 하는 것들이지요.

나는 캐나다에서 자라서 야구를 해요. 인도에서 컸다면 크리켓을 배웠을 거예요.

성격이나 지능 등 우리의 모든 것은 유전자와 환경이 함께 작용해서 만들어져요. 여러 물감을 섞어서 새로운 색을 만드는 것과 비슷해요.

예를 들어, 여러분이 읽기를 잘한다면 아마 다음과 같은 것들이 결합한 결과일 거예요.

뇌세포들을 잘 연결하는 뇌를 형성하는 유전자

↑ 유전자

책을 많이 살 수 있는 가정 형편

← 환경

훌륭한 학교 선생님

하지만 각각의 요인은 얼마나 중요할까요? 이 중에서 한 가지 요인만 있고 다른 요인은 없다면, 그래도 여전히 읽기를 잘할까요?

쌍둥이는 종종 비슷한 환경에서 자라고,
유전자가 정확히 일치할 때가 많아서 연구에 도움이 많이 돼요.

한 연구에서는 쌍둥이들의 읽기 능력에 초점을 맞췄어요.
'훌륭한' 선생님에게 배웠을 때, 다음과 같은 결과가 나왔어요.

선생님 능력: ★★★★★

이란성 쌍둥이
(유전자가 절반만 일치)

일란성 쌍둥이
(모든 유전자가 일치)

일치하는 유전자가 많을수록,
쌍둥이의 읽기 능력은
같은 경향을 보였어요.

따라서 이 경우에는
환경(선생님)보다 **유전자**가
읽기 능력에 차이를
만들어 내는 듯이 보여요.

읽기 능력
비슷하지 않음 ──────────── 매우 비슷함

'실력 없는' 선생님에게 배웠을 때 다음과 같은 결과가 나왔어요.

선생님 능력: ★★

이란성 쌍둥이

일란성 쌍둥이

유전자가 더 많이
일치한다고 해서
쌍둥이의 읽기 능력이
비슷해지지는 않았어요.

이번 실험에서는 부족한 가르침,
즉 **환경**이 읽기 능력에 좀 더
영향을 주었어요.

읽기 능력
비슷하지 않음 ──────────── 매우 비슷함

이 연구는 환경이 나쁠수록 타고난 잠재력을
발휘하기가 더 어렵다는 걸 나타내요.
다시 말해, 환경은 유전자의 *작동 방식*을 바꿀 수 있어요.

87

제6장
우리는 사회적 동물이에요

학교에 잠수복을 입고 갈 건가요?
저녁 식사에 친구들을 초대하고 시리얼을 내놓을 건가요?
아니면 한 달 동안 이를 안 닦을 건가요?

아마 그러지 않을 거예요. 아주 극단적인 예를 들어 놓았지만,
우리가 생각하고 느끼고 행동하는 많은 것은
다른 사람들과 그 사람들이 어떻게 생각할지에 영향을 받아요.
사회 심리학에서는 이런 일이 어떤 식으로 일어나는지,
어떻게 우리가 미처 깨닫지도 못하는 사이에
이런 일이 벌어지는지 연구해요.

다른 사람들 이해하기

인간은 무리를 이루어 살아요. 그래서 다른 사람을 이해하고,
다른 사람의 행동을 예측하는 능력이 매우 중요해요.
그러기 위해서 우리는 다음과 같은 단서들을 끊임없이 찾고 있어요.

다른 사람의 **표정**을 보면 어떤 감정인지, 어떤 생각을 하는지 단서를 얻을 수 있어요.

말을 하지 않고, 몸으로도 기분을 나타낼 수 있어요. 이것을 **몸짓 언어**라고 해요.

아이스크림을 싫어하는 사람은 누구일까요?

무서워하는 사람은 누구일까요?

말투도 굉장히 중요해요. 사실, 사람들은 무슨 말을 하느냐보다 말투에 더 관심을 기울여요. 글자로도 분위기를 나타낼 수 있지요.

옷차림을 보면 직업이나 취향, 심지어 돈이 얼마나 많은지도 짐작할 수 있어요.

이 사람은 어떤 직업을 가졌을까요?

왼쪽의 문자와 말투가 좀 더 공격적으로 느껴져요.

하나를 보면 열을 알아요...

심리학자들은 우리가 다른 사람을 볼 때, 대체로 어떤 단서들을 찾아내서 그 사람에 대해 결론을 내린다고 생각해요.
우리는 그렇게 결론을 내릴 때, *사람*에 주목하거나 *상황*에 주목해요.

① 사람에 초점을 맞춰 단정 지었어요.

② 상황에 초점을 맞춰 단정 지었어요.

왜 나는 인라인스케이트를 못 탈까?

아서, 너는 균형 감각이 정말 없는 것 같아.

여기 바닥이 울퉁불퉁해서 그래. 다른 곳으로 가자.

사람들이 어떻게 단정 짓느냐에 따라 상당히 다른 반응을 보여요.
2번처럼 단정 짓는 사람들(상황에 초점을 맞춰)은 1번처럼 단정 짓는 사람들(사람에 초점을 맞춰)보다 아서를 더 잘 도와줄 거예요.

...하지만 틀릴 때가 많아요

우리는 아주 단순한 이유로, 너무 편향되게 단정 지을 때도 많아요.

사람들이 어떤 행동을 할 때
왜 그런 방식으로 행동하는지는
대개 수많은 이유가 있어요.

내가 넘어진 또 다른 이유가 있어요. 겁이 나서 긴장했거든요.

우리는 자기 자신보다는 남을 좀 더
냉정하게 판단하는 경향이 있어요.
우리는 *자신*에게 안 좋은 일이 생기면
상황 탓을 해요.

하지만 *남*한테 안 좋은 일이 생기면
그 *사람* 탓을 하지요.

나는 *운이 나빠서* 넘어진 거야.

아서는 실력이 엉망이라 그런 거고.

어떤 기대가 있나요?

우리가 다른 사람에게 어떤 *기대*를 갖고 있느냐에 따라,
그 사람의 행동에 엄청나게 큰 영향을 끼칠 수 있어요.

1 기대감이 어떤 역할을 하는지 연구하기 위해, 연구자들은 한 반 전체 학생들에게 시험을 보게 했어요.

2 연구자들은 학생들 중 아무렇게나 5명을 뽑아서, 그 학생들을 가르치는 선생님들에게 사실이 아닌, 다음과 같은 말을 했어요.

> 우리 연구자들은 선생님들에게,
> 이 학생들은 실력이 뛰어난 학생들이니
> 이번 학년에 다른 아이들보다
> 훨씬 더 잘할 거라고 말했어요.

3 학년 말에 반 학생들 모두 비슷한 시험을 다시 봤어요.

> 어떤 학생이 가장 향상했을까요?

4 모든 학생의 점수가 올랐지만, 처음에 연구자들이 임의로 뽑은 학생 5명의 점수가 가장 많이 올랐어요. 연구자들은 이 학생들에게 다음과 같은 일이 있었다는 걸 발견했어요.

반에서 말할 기회가
더 많이 생겼어요.

심화 학습 자료를
받았어요.

피드백을
더 많이 받았어요.

선생님들은 자신들이 기대했던 일이 진짜로 일어나게 만들었어요.
더 잘할 거라고 기대한 학생들에게 더 많은 도움을 주며 격려했어요.
생각한 대로 이루어지게 한다는 뜻에서, 이것을 **자기 실현적 예언** 효과라고 해요.

진짜로 이루어지는 예언

자기 실현적 예언은 이 밖에도 온갖 다양한 상황에서 효과가 있다는 게 밝혀졌어요.

회사에서 직원들이 더 잘할 거라고 기대하면,
실제로 좋은 성과를 내요.

요양원에서 직원들이 환자가 더 나아질 거라고
기대하면, 실제로 그렇게 될 가능성이 높아요.

선생님들의 기대 실험에서처럼,
사람들은 종종 편향되고 심지어 사실이 아닌 정보를 바탕으로 기대감을 품어요.
그러므로 지도자들은 사람들을 더욱 공정하게 대하기 위해, 자신의 기대를 늘 점검해 보아야 해요.

보이지 않는 규칙

사람들의 행동은 **규범**이라고 부르는 사회 규칙에도 영향을 받아요.
규범은 너무도 당연해서 사람들은 규칙이라는 생각을 전혀 하지 못하다가,
규범이 깨졌을 때에야 알아차릴 때가 많아요.

예를 들어, 개인 공간에 대해 말로 표현하지 않는 규칙이 있어요.

나라마다 다르지만,
대개 잘 모르는 사람일수록
좀 더 멀리 떨어져 있는 게 좋아요.

낯선 사람한테
너무 가까이 다가가면,
상대방은 불편해하거나
심지어 위협받는 듯한
기분을 느낄 수 있어요.

연구자들은 공간에 대한 규범을 알아보기 위해 '공간 침입자' 역할을 할 지원자를 뽑아서,
도서관에서 다른 학생 옆에 바짝 붙어 앉게 했어요.
이럴 경우 상대방 학생은 10분 안에 다른 자리로 옮길 가능성이 아주 높았어요.

연구자들은 이런 상황을
반복해서 실험했는데,
절반이 넘는 학생이
10분 안에 그 자리를 떠났어요.

공간 침입자가 다른 자리에
앉았을 때는 10분 안에
자리를 옮기는 학생이
대략 10퍼센트뿐이었어요.

규범이 작동하는 방식

우리는 다른 사람들과 공공 기관들로부터 우리 행동이 어떤지 끊임없이 신호를 받고 있어요.
이런 신호들을 통해서 우리가 규범을 따르고 있는지, 규범을 깨고 있는지 알아차릴 수 있어요.

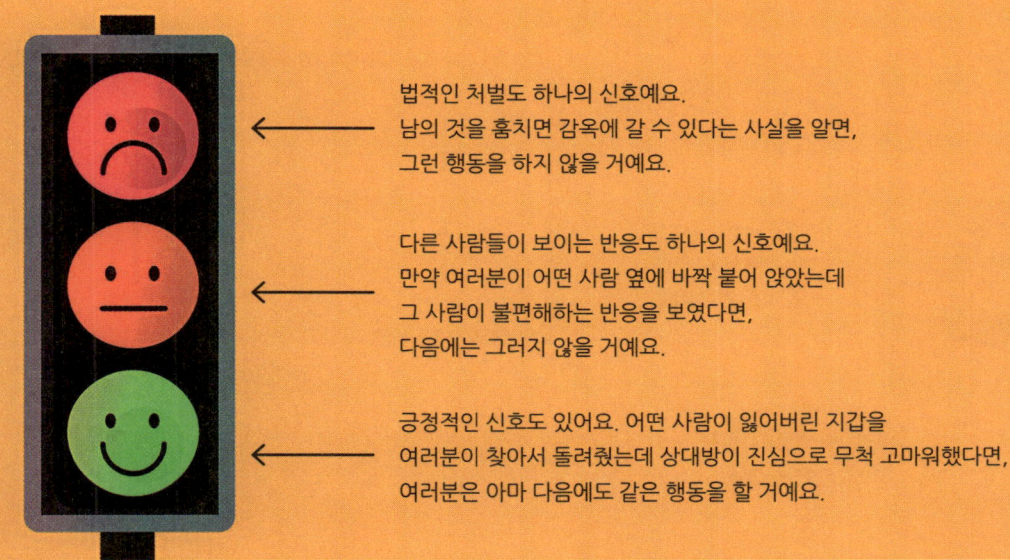

법적인 처벌도 하나의 신호예요.
남의 것을 훔치면 감옥에 갈 수 있다는 사실을 알면,
그런 행동을 하지 않을 거예요.

다른 사람들이 보이는 반응도 하나의 신호예요.
만약 여러분이 어떤 사람 옆에 바짝 붙어 앉았는데
그 사람이 불편해하는 반응을 보였다면,
다음에는 그러지 않을 거예요.

긍정적인 신호도 있어요. 어떤 사람이 잃어버린 지갑을
여러분이 찾아서 돌려줬는데 상대방이 진심으로 무척 고마워했다면,
여러분은 아마 다음에도 같은 행동을 할 거예요.

규범은 언제 어디서나 늘 똑같지는 않아요. 특정 집단이나 장소에서만 통하는 규범도 많아요.

집에서는 나도 식탁 치우는 일을 도와요.
하지만 식당에서는 그러지 않아요.

두부를 먹을 때는 젓가락을 쓰지만,
파스타를 먹을 때는 포크를 써요.

규범이 *존재한다*는 이유만으로
그것이 *옳다*는 뜻은 아니에요.
사람들은 규범과는 다르게 행동하기로
선택할 수도 있어요. 그러다가 결국
원래 있던 규범을 다른 규범으로
바꿀 수도 있어요.

평소에는 일회용 플라스틱 용기에
음식을 포장해 왔는데,
이제는 개인 그릇을
준비해 가서 담아 와요.

다른 사람의 힘

사람들이 자신의 생각과 행동 방식을 다른 사람과 비슷하게 바꾸는 것을 **동조**라고 해요. 우리는 늘 동조하며 살아요.

연구자들은 사람들의 동조 행동을 관찰하기 위해서 사람들에게 두 개의 카드에 그려진 선을 비교해 보라고 말했어요.

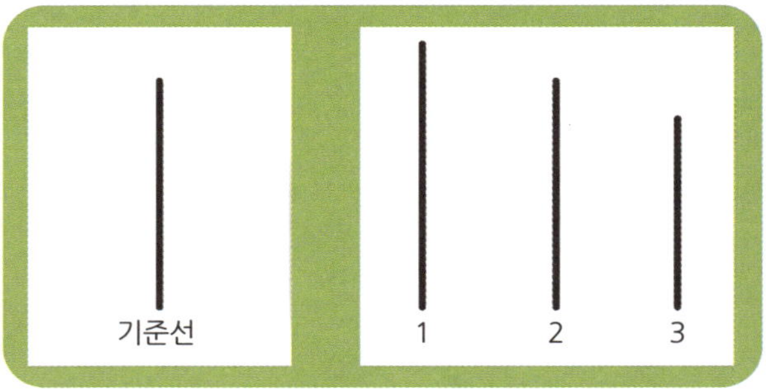

오른쪽 카드의 선들 중 왼쪽 기준선과 길이가 같은 것은 무엇인가요?

1번이요.

네, 1번이요.

1번 선이요.

저도 1번 선 같아요.

음, 진짜? 내가 보기엔 2번 같은데 다들 1번이라고 하네.

네, 1번이에요.

사실 마지막 사람만 '진짜' 실험 참가자이고, 나머지 사람들은 '가짜' 참가자였어요. 앞서서 1번 선이라고 답한 사람들은 실험을 위해 일부러 틀린 답을 하도록 미리 지정돼 있었어요.

이러한 실험에서 '진짜' 참가자가 적어도 한 번 이상, 답을 알면서도 다른 참가자들과 일치하는 틀린 답을 말한 경우가 75퍼센트였어요.

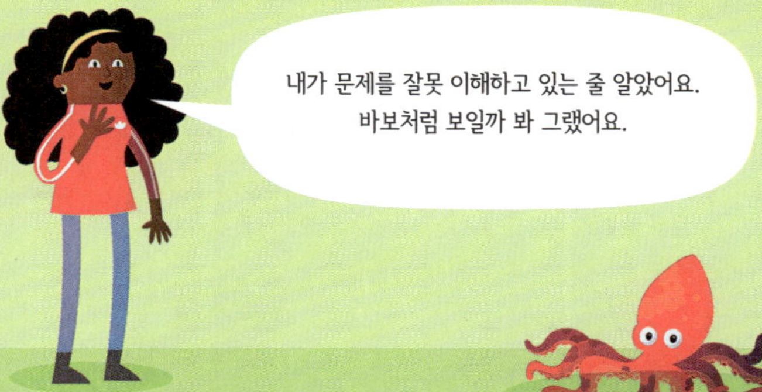

내가 문제를 잘못 이해하고 있는 줄 알았어요. 바보처럼 보일까 봐 그랬어요.

이 실험은 동조하고 싶어 하는 마음이, 사람들의 믿음이나 심지어 눈앞에 보이는 것보다 더 강할 수 있다는 것을 보여 주었어요.

여러분이라면 어떻게 대답했을까요?

사람들은 왜 동조할까요?

연구자들은 사람들이 더욱 잘 동조하거나 덜 동조하도록 영향을 끼칠 수 있을지 알아보기 위해 다양한 실험을 했어요.

사람들은 다음과 같을 때 더 잘 동조했어요.

- 과제가 훨씬 어려울 때
- 그룹의 다른 사람들이 더 유능해 보일 때
- 상품 획득처럼 그룹의 공동 목표가 있을 때

나 때문에 우리 그룹이 상을 못 받을까 봐 걱정됐어요!

사람들은 다음과 같을 때 덜 동조했어요.

- 자신이 그룹 사람들과 다른 면이 있을 때
- 가짜 참가자 중에 동조하지 않는 사람이 있을 때

다른 참가자들이 틀린 것 같아. 다들 어리잖아.

그래서 내 의견을 말하기가 더 쉬웠어요.

동조하는 게 나쁠까요?

동조는 자신이 원하지 않은 방식으로 행동하게 만들기도 하지만, 도움이 될 때도 있어요. 동조의 긍정적인 예로는, 개똥을 줍는다거나 다른 사람의 충고를 받아들이는 일 등이 있어요. 긍정적인 동조 덕분에 우리는 좀 더 쉽게 다른 사람들과 어울려 함께 살아갈 수 있어요.

참가자는 '왜' 복종했을까요?

모든 참가자가 전기 충격을 주라는 명령을 불편하고 잘못된 것이라고 생각했지만,
어느 정도까지는 시키는 대로 따랐어요.
그렇다면 이것은 개인의 성격과는 상관없고, 상황과 관련이 있다고 볼 수 있어요.

참가자들은 다음과 같은 이유로 실험자의 권력과 권위를 받아들였어요.

실험자가 인정받는 대학교를 나와서.

실험자가 과학자들이 입는 실험실 가운을 입고 있어서.

실험 참여자로 지원해 보수를 받는 한, 중간에 그만두기가 어려워서.

참가자들은 대부분의 사람들처럼, 자라면서 지시를 따르고 복종하도록 배웠어요.
특히 지도자나 윗사람의 지시는 중요하지요.

세계 여러 나라에서
이와 비슷한 실험을 했는데,
대체로 같은 결과가 나왔어요

내가 말한 대로 해야 합니다.

이 실험은 우리가 강압적인 상황에 놓이면, 전쟁 범죄자가 아니라 그 누구라도 끔찍한 일을 할 수 있다는 사실을 보여 주는 것 같아요.

따라서 우리는 아무런 문제 제기도 하지 않고 무조건 명령에 따르기보다, 권력자에게 도전하는 법을 배워야 해요.

스탠리 밀그램

윤리적인 실험이었을까요?

많은 심리학자가 이런 실험을 한 밀그램을 비판했어요.
참가자들에게 마음이 불편해지는 일을 시킨 것이 아주 비윤리적이라고 생각했기 때문이에요.
이 일을 계기로, 오늘날 실험을 하는 모든 사람이 따라야 할 명확한 윤리 강령이 만들어졌어요.

왜 남을 도울까요?

작은 친절을 베푸는 행동에서부터 영웅 같은 구조 활동에 이르기까지, 사람들은 어렵고 위험하더라도 서로 돕기 위해 엄청난 노력을 기울여요. 그런데 우리는 왜 남을 도울까요?

심리학자들은 다른 사람을 도와주는 것은 인간 행동에서 기본적인 부분이라고 생각해요. 다른 동물들도 많이 그러거든요.

도망쳐! 뱀이 있어! 빨리 달아나!

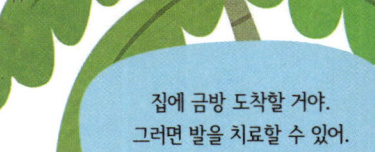

집에 금방 도착할 거야. 그러면 발을 치료할 수 있어.

남을 돕는 일은 종종 시간과 노력을 들여야 하지만, 우리가 살고 있는 집단이 더 잘 작동하려면 정말 중요해요.

도움을 주는 사람에게도 혜택이 있어요. 훗날, 다른 사람들이 그 사람을 도와줄 가능성이 더 커지거든요.

도움을 주는 것은 타고난 행동은 아니에요. 그래야 한다는 *가르침*을 받는 거지요. 우리는 집과 학교, 텔레비전과 책에서 남을 돕는 것이 얼마나 중요한지 거듭해서 배워요.

그 사람은 도와달라는 부탁을 거절했어요. 그러자 할머니가 그를 두꺼비로 바꿔 버렸어요.

사람들은 자신이 처한 상황과 감정에 따라서 남을 돕는 행동이 달라져요. 사람들은 다음과 같은 때 남을 도울 가능성이 높아져요.

- 기분이 좋을 때
- 급하지 않을 때
- 그 행동의 결과로, 다른 사람들에게 좋게 보일 때
- 그 사람의 기분에 공감할 수 있을 때

왜 남을 돕지 않을까요?

놀랍게도 주위에 다른 사람들이 있을 때 남을 돕지 않을 가능성이 더 커요. 1964년 뉴욕에서 벌어진 충격적인 사건이 뉴스에 난 후, 심리학자들은 이 질문에 대한 연구를 시작했어요.

연구자들은 다음과 같은 네 가지 장애물 때문에 남을 돕지 않는다는 것을 발견했어요.

뉴스
살인을 목격한 38명, 경찰에 아무도 신고 안 해

1 그 사건이 발생한 걸 알아챘나요?
→ **아니요** 어둡거나 붐비면, 응급 상황을 알아보기가 더 어려워요.
↓ 네

2 응급 상황이라는 것을 알았나요?
→ **아니요** 실제로 응급 상황이 일어나는 경우는 드물어요. 그래서 우리는 응급 상황인지 잘 판단하지 못해요.
↓ 네

3 개인적으로 책임감을 느끼나요?
→ **아니요** 주변에 다른 사람들이 있으면, 다른 사람이 도와야 할 일이라고 생각할 수 있어요. 이것을 **방관자 효과**라고 해요.
↓ 네

4 어떻게 행동해야 할지 아나요?
→ **아니요** 사람들은 응급 상황에 대처하는 훈련을 받지 못한 경우가 많아요. 그래서 남을 도우려고 애쓰다가 상황을 악화시킬까 봐 걱정하는 것인지도 몰라요.
↓ 네

→ **도와주지 않음**

도와줌

이러한 장애물을 알고 있으면 달라질 수 있어요. 예를 들어, 방관자 효과를 들어 본 사람은 응급 상황 때 나서서 도움을 줄 가능성이 더 높아요.

우리 vs 그들

가족이든 마을이든 동아리든, 우리가 속한 집단은
우리 자신의 정체성과 다른 사람들과 상호 작용하는 방식을 형성해요.
집단은 우리에게 소속감을 주지만, 또한 집단과 집단 사이에는 갈등이 생길 수도 있어요.

1954년 미국에서 연구자들이 집단행동을 연구하기 위해,
서로 모르는 남자아이들을 캠프로 불러 모았어요.

첫 주에 아이들을 두 집단으로 나누고,
야영지도 집단별로 구분했어요.

방울뱀 캠프장

독수리 캠프장

우리는 모두
독수리 셔츠를 입어요.

각 캠프장에서 아이들은 친구가 됐고,
자기들만의 우스갯소리나
습관, 규범을 만들어 냈어요.

그 주가 끝날 무렵, 연구자들은 두 캠프장의 아이들을 서로 소개해 주었어요.

연구자들은
두 집단 간에
게임을 하게 했고,
이긴 팀에게
상을 주었어요.

102

순식간에 아이들은 상대 집단의 아이들에게
욕을 하고 나쁘게 굴기 시작했어요.

독수리 캠프장 아이들이 방울뱀 캠프장 텐트에 몰래 들어갔어요.

야호, 깃발을 뺏었다!

그 보복으로 방울뱀 캠프장 아이들은 독수리 캠프장에 쳐들어가서 물건을 훔쳤어요.

그 뒤 연구자들은 중요한 문제를 해결하기 위해서
양쪽 캠프장 아이들이 *힘을 합쳐야만* 하는 상황을 만들었어요.

진흙에 밥차 바퀴가 빠졌어!

다 같이 밀자!

어른들한테 이 실험을 하면 결과가 다르게 나타날까요?

모두 협력하자, 두 집단의 관계가 좋아졌어요.
연구자들의 계획이 효과가 있었지요.
협력을 계기로 아이들은 '우리'와 '그들'이라는 구분을 다시 생각하게 되었고,
더 큰 집단의 정체성을 새롭게 형성할 수 있었어요.

고정 관념

어떤 집단에 대해 가지는 믿음을 **고정 관념**이라고 해요.
고정 관념은 개인들이 상호 작용하는 방식에 영향을 끼쳐요.

고정 관념이 실제로 어떻게 작동하는지 보기 위해서, 심리학자들은 실험을 마련했어요.
참가자들에게 다음의 단어들을 보고…

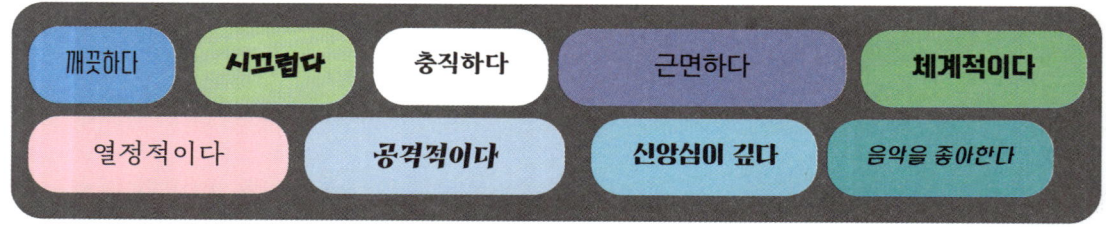

…아래 두 집단의 특성을 설명하는 단어를 고르게 했어요.

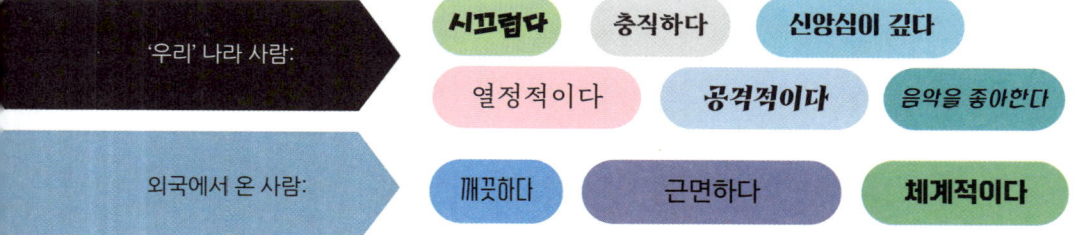

참가자들은 다른 집단보다 자신이 속한 집단을 설명할 때 *더 많은* 특성 단어를 골랐어요.
이것은 우리가 자신이 속한 집단보다는 다른 집단의 사람들을 훨씬 더 비슷하게 본다는 걸 나타내요.
결국 고정 관념을 믿거나 더 쉽게 뭉뚱그려 생각한다는 거지요.

편견

나는 종교가 사람들을
더 폭력적으로 만든다고 생각해요.
그래서 화가 나요.

노숙자들이
나한테 접근할까 봐
무서워요.

어떤 집단에 대한 부정적인 믿음이
공포, 분노, 혐오 같은 감정으로 이어질 때,
이것을 **편견**이라고 해요.

내 자식이
피부색이 다른 사람과
결혼한다는 생각을 하면
싫어요.

피부색에 따른 편견을
인종 차별이라고 해요.

여성이니까
아기를 가질 수도 있고
그러면 일을 소홀히 할까 봐
걱정돼요.

성별에 따른 편견을
성차별이라고 해요.

고정 관념과 편견은 몹시 위험해요.
그 때문에 다른 집단에 속한 사람에게
부정적인 행동을 할 수도 있어요.

죄송해요,
이미 다른 사람을 채용했어요.

사람은 누구나 편견이 있어요.
심판이나 경찰관처럼,
공정함을 직업으로 삼는
사람조차도 편견이 있어요.

2015년 유럽 축구 경기를 연구한 결과, 심판은 홈 팀보다 원정 팀에게
옐로카드를 더 많이 주는 경향이 있다는 게 밝혀졌어요.

팀이 속한 지역에 상관없이
파울인지 아닌지
공정하게 판단할 것입니다.

억울해요!

고정 관념에서 나온 생각이나 편견은 우리도 모르는 사이에 생겨나므로,
제대로 알고 이겨내기가 특히 힘들어요. 다음 쪽에서 좀 더 알아봐요.

편견에 대처하기

사람들이 *왜* 편견을 가지는지 이해하면,
그에 따라 심리학자들은 편견에 어떻게 대처할지 전략을 세울 수 있어요.

뇌 편향

어떤 심리학자들은 *개인적* 편향에 초점을 맞춰요.
우리 뇌는 세상을 이해하기 위해서 실제보다 더 간단히 정리하거나, 뇌로 들어온 정보를 일반화해요.
이것이 편견과 편향으로 이어져요.

범인이 후드를 썼네.
후드 티를 입은 사람이 더 위험한 것 같아.

청소는 여자들이 하는 거구나.

때때로 편향은 우리 자신도 모르는 사이에 텔레비전, 책, 영화, 광고, 누리 소통망(소셜 미디어) 때문에 더 강해져요.

여러 연구에 따르면,
개인적 편향을 줄이는 데는 다음과 같은 방법이 도움이 된다고 해요.

공감하는 연습하기,
다른 사람의 처지 되어 보기,
상대방 감정 상상해 보기

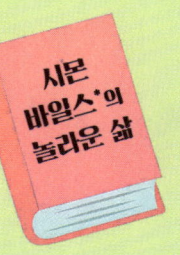

*시몬 바일스: 도쿄 올림픽(2021년)에서 정신 건강을 이유로 기권한 미국의 체조 선수.

다른 집단에서 존경받는 위인들에게 주목하도록 권유하기

어릴 때부터 학교에서 편견과 갈등에 대해 가르치기

누군가 편견이 담긴 말을 하면 지적하기

저런 당에 투표한 사람들은 모두 이기적이에요.

모두라니, 편견 아닌가요?

집단행동

어떤 심리학자들은 *집단*에 초점을 맞춰요. 사람들은 부모님이나 친구, 동료 등 자신이 속한 집단의 행동과 규범을 받아들이는 경향이 있어요.

예를 들어, 1952년 미국 남부의 광산촌에서 한 연구에 따르면, 백인 광부들은 땅속에서는 함께 일하는 흑인 광부들과 친하게 지냈어요.

하지만 땅 위에서는 말도 하지 않고 어울리지도 않았어요.

주말 잘 보냈어요?

그럼요, 고마워요!

전체 집단의 태도를 바꾸면, 개인의 행동에 강한 영향을 줄 수 있어요.
정부가 법률을 만들거나 어떤 조치를 내림으로써 규범을 바꾸고 편견을 줄일 수 있지요.
자선 단체 같은 조직도 도움을 줄 수 있어요.

새로운 법

평등법

피부색, 나이, 성별, 종교에 따라 다르게 대우하는 것은 불법이다.

독일의 일반적 평등대우법 (2006년)

모범 보이기

더 뉴스
새 내각, 남녀 같은 수로 구성

캐나다(2015년)

인식을 높이기 위한 광고

세상에는 동성애자가 있어요. 이제 받아들이세요!

영국 성소수자 인권 단체인 '스톤월'에서 만든 포스터

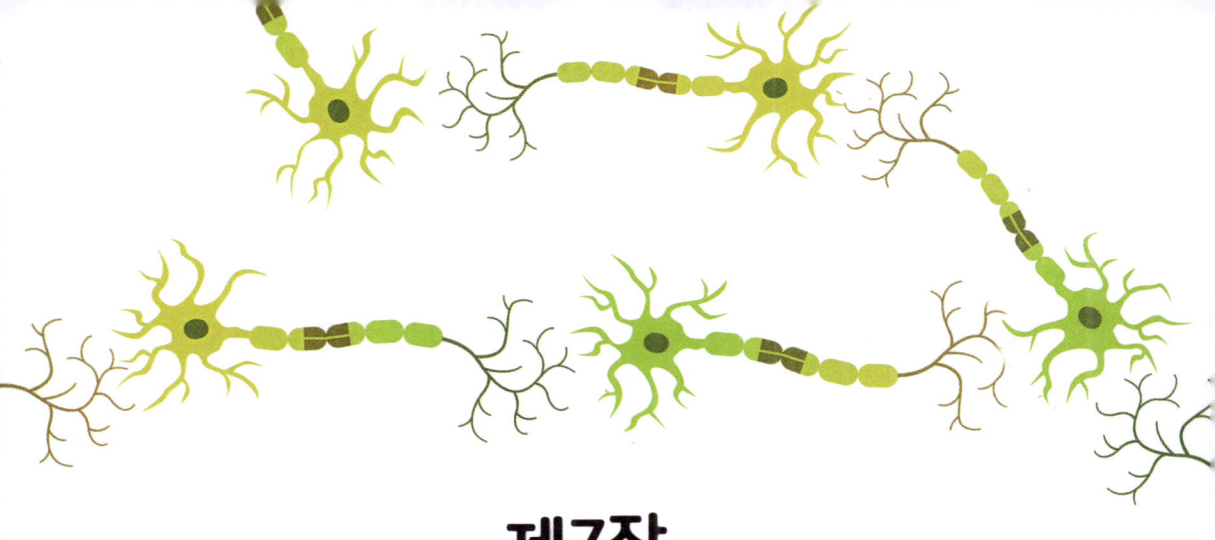

제7장
뇌와 정신 건강

심리학자들은 우리가 행동하고 생각하고 느끼는 방식,
즉 뇌가 통제하고 조절하는 모든 것을 연구해요.
그런데 뇌는 어떻게 *작동할까요?*
뇌가 활동하는 모습을 관찰하기는 어려워요.
우리가 뇌에 대해서 알고 있는 많은 것은
뇌에 병이 생기거나 뇌를 다친 사람들을 연구한 덕분이에요.

실제로 나라마다 다르지만, 해마다 성인 10명 중 한 명은
정신 건강에 문제가 생길 수 있다고 해요.
이번 장에서는 흔한 정신 질환과 마음을 다시
건강하게 만드는 방법들을 살펴볼 거예요.

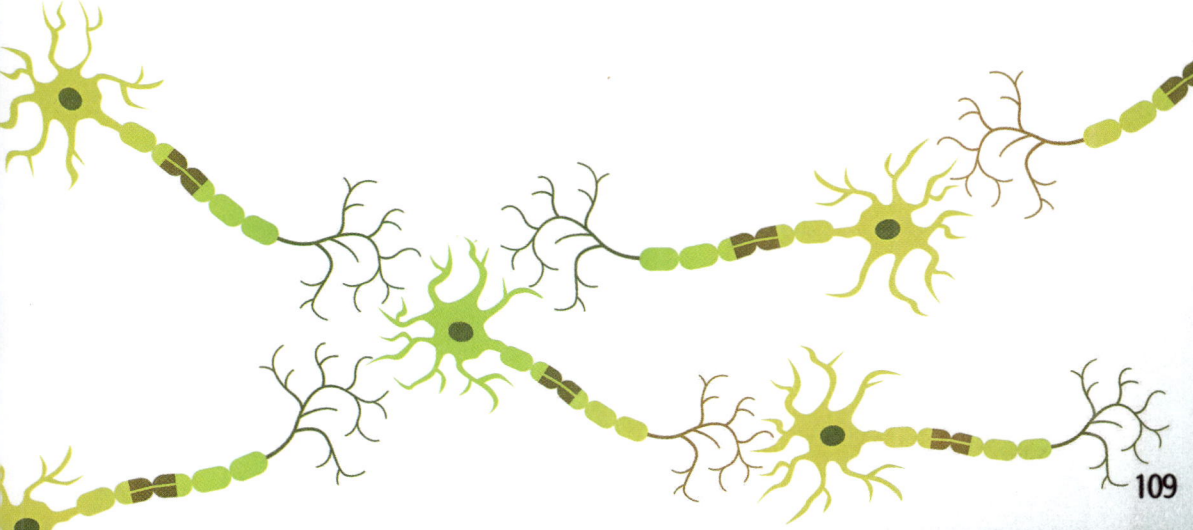

뇌를 소개할게요

우리 머릿속에는 분홍빛이 도는 회색 덩어리가 있어요.
젤리 같기도 하고, 쭈글쭈글 주름이 많은 뇌는 우리 몸속의 모든 것을 통제하고 조절해요.
분홍빛을 띠는 이유는 뇌가 작동하기 위해서 피가 아주 많이 흐르고 있기 때문이에요.
우리 몸에 공급되는 피의 거의 20퍼센트가 뇌로 가요.

뇌는 쉴 새 없이 우리 몸과 메시지를 주고받아요.

메시지들은 **신경**이라는 관을 따라 이동하는데, 신경은 뇌에서 시작해 온몸 곳곳으로 뻗어 나가요.

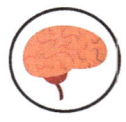
바다에서 물장구를 쳐!

좋아! 근데 발이 젖었어. 그리고 얼얼한 느낌이야.

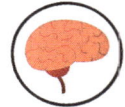
느낌 좋은데. 또 해 봐!

어, 뭔가 끈적거리고 미끌미끌한 걸 밟았어.

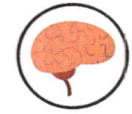
해초일 거야. 위험하지 않아. 그냥 발을 흔들어서 떨어 내.

신경

내가 아주 어렸을 때 뇌의 한 부분을 조금 다쳐서, 왼쪽으로는 메시지가 잘 가지 않아요. 그래서 왼쪽 팔다리는 움직이기가 힘들어요.

뇌의 부분에 따라 처리하는 메시지가 달라요.

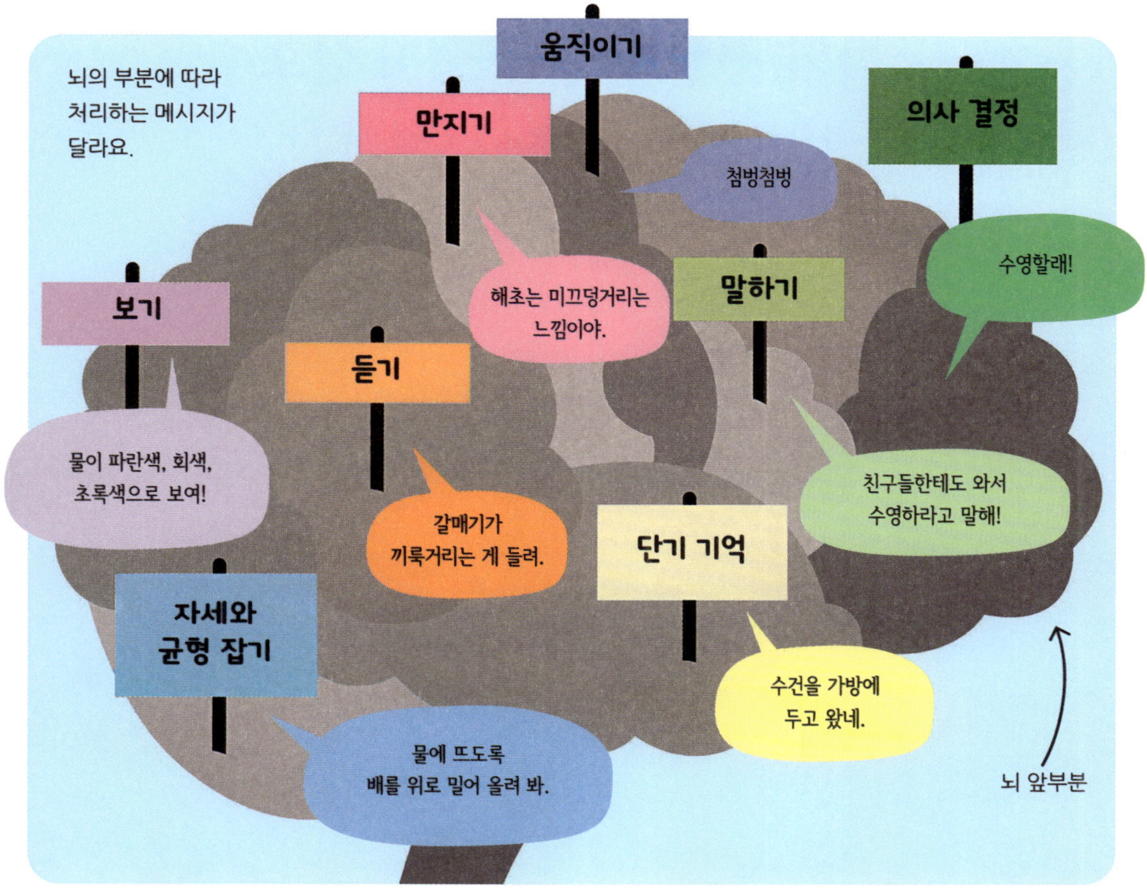

움직이기 — 첨벙첨벙
만지기 — 해초는 미끄덩거리는 느낌이야.
의사 결정 — 수영할래!
보기 — 물이 파란색, 회색, 초록색으로 보여!
듣기 — 갈매기가 끼룩거리는 게 들려.
말하기 — 친구들한테도 와서 수영하라고 말해!
단기 기억 — 수건을 가방에 두고 왔네.
자세와 균형 잡기 — 물에 뜨도록 배를 위로 밀어 올려 봐.

← 뇌 앞부분

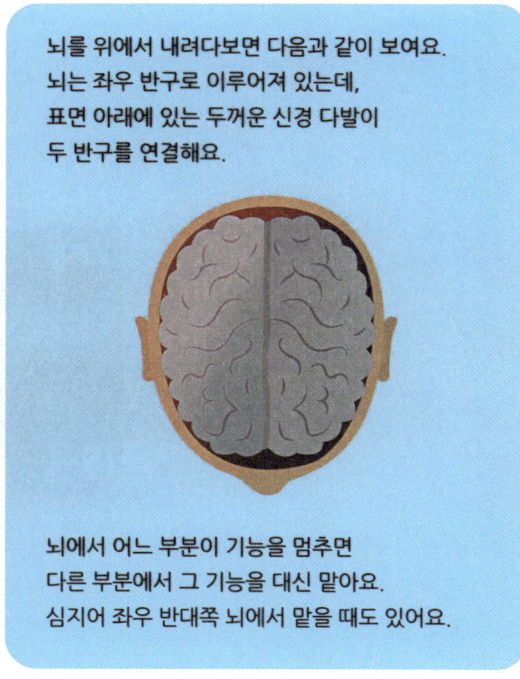

뇌를 위에서 내려다보면 다음과 같이 보여요. 뇌는 좌우 반구로 이루어져 있는데, 표면 아래에 있는 두꺼운 신경 다발이 두 반구를 연결해요.

뇌에서 어느 부분이 기능을 멈추면 다른 부분에서 그 기능을 대신 맡아요. 심지어 좌우 반대쪽 뇌에서 맡을 때도 있어요.

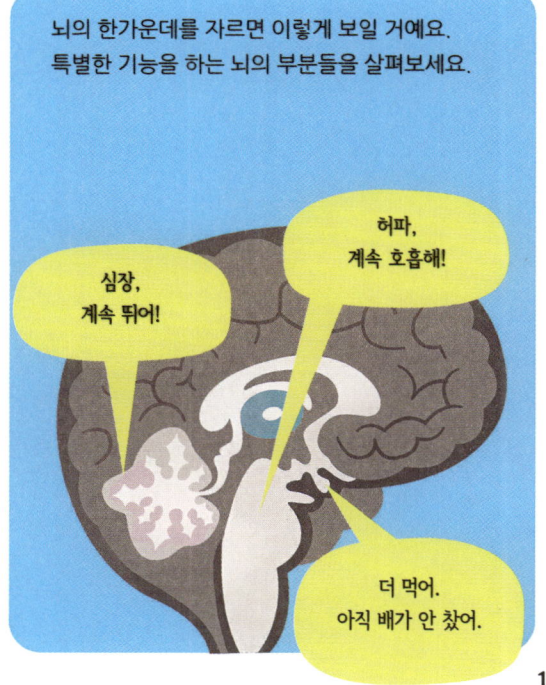

뇌의 한가운데를 자르면 이렇게 보일 거예요. 특별한 기능을 하는 뇌의 부분들을 살펴보세요.

- 허파, 계속 호흡해!
- 심장, 계속 뛰어!
- 더 먹어. 아직 배가 안 찼어.

화학 전달 물질과 전기 신호

뇌와 다른 신체 부위 사이를 왔다 갔다 하는 메시지는 전기 신호와 화학 신호로 이루어져요. 이 신호들은 **뉴런**이라는 세포를 따라 이동하는데, 뉴런이 연결되어 신경을 형성해요.

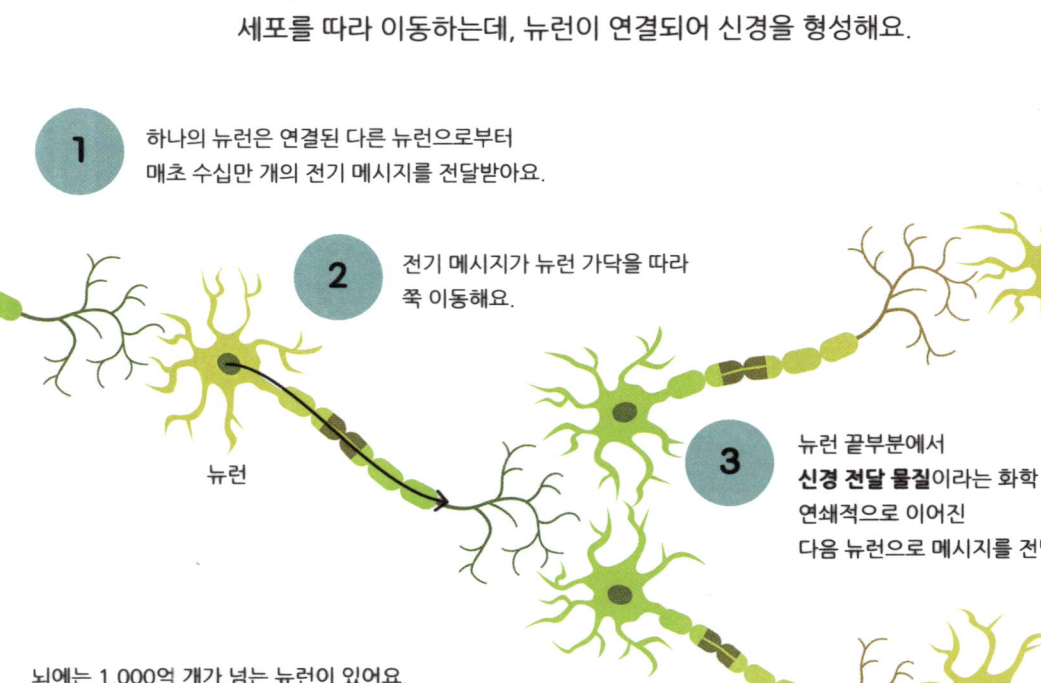

1. 하나의 뉴런은 연결된 다른 뉴런으로부터 매초 수십만 개의 전기 메시지를 전달받아요.

2. 전기 메시지가 뉴런 가닥을 따라 쭉 이동해요.

3. 뉴런 끝부분에서 **신경 전달 물질**이라는 화학 물질이 연쇄적으로 이어진 다음 뉴런으로 메시지를 전달해요.

뇌에는 1,000억 개가 넘는 뉴런이 있어요.
한 뉴런의 '발'에 다른 뉴런의 '머리' 수천 개가 연결될 수도 있어요.
이 말은 메시지가 지나갈 수 있는 길이 수조 개에 이른다는 뜻이에요.

우리가 익숙한 일을 할 때는 뉴런에서 뉴런으로 전달되는 명령이 대개 같은 경로를 이동해요.

> 자전거 타는 건 쉬워요. 집중하지 않아도 잘 탈 수 있어요.

어떤 일을 처음 할 때, 우리 뇌는 뉴런들 사이의 연결을 새로 만들어야 해요.

> 진짜 열심히 집중해야 해.

우리가 연습하는 동안 뇌는 가장 좋은 경로를 찾을 때까지 다양한 연결을 시도해요. 그런 다음 필요 없는 연결은 끊어 버려요.

뇌는 활동 중이에요

뇌가 일상적으로 우리 몸속에서 일어나는 일을 어떻게 조절하는지,
잠을 예로 들어 살펴보아요.

뇌 깊숙한 곳에서는 '시계' 뉴런들이 24시간 주기로 일해요.
시계 뉴런들은 시간이 흐름에 따라 우리 몸에게 어떤 일을 할지 알려 줘요.

이런 과정은 저절로 일어나지만,
얼마나 어두워졌는지 우리 눈에서 보낸 메시지에 따라 조절돼요.

밤이 되면, 시계 뉴런은
뇌에 멜라토닌이라는 화학 전달 물질,
즉 **호르몬**을 만들라고 지시해요.

멜라토닌은 우리 몸 곳곳으로 이동해,
쉴 준비를 하라고 알려요.
그러면 우리 몸은 호흡이 느려지고
체온이 떨어져요.

계속 책을 읽으면
눈이 감기지 않을…걸…
쿨쿨쿨.

어떤 것들이 이 과정을 방해하면
쉽게 잠들지 못해요.
예를 들면, 디지털 기기의 화면에서 나오는
청색광이나 걱정 등은 잠을 방해해요.

해가 뜨면 시계 뉴런은 우리 뇌에
멜라토닌을 그만 만들어 내라고 지시해서
우리가 잠에서 깨도록 도와요.

뇌 연구

뇌는 두개골 속에 들어 있어서 보기 힘들어요.
그래서 연구자들은 뇌를 조사하고,
뇌에서 어떤 일이 일어나는지 파악하기 위해 다양한 방법을 사용해요.

죽은 사람 연구하기

과학자들은 살아 있을 때 미리 허락을 받아 두었다가, 그 사람이 죽으면 뇌를 꺼내어 자세히 연구해요. 이렇게 해서 뇌 구조에 관한 지식을 쌓아 나가지요.

뇌 손상

과학자들은 뇌를 다쳤거나 손상을 입은 사람을 연구해요.

32쪽에 나온 헨리 몰레이슨을 기억하나요?
뇌 손상이 헨리의 기억에 어떤 영향을 주었는지 연구함으로써, 과학자들은 기억의 작용 방식을 이해할 수 있었어요.

뇌 화학 물질

과학자들은 정신 질환이 있는 사람과 정신 질환이 없는 사람을 비교해서 여러 가지 신경 전달 물질의 역할을 알아내요.

예를 들면, 수면 장애가 있는 사람들은 세로토닌이라는 신경 전달 물질의 수치가 낮았어요. 이 말은 세로토닌이 잠자는 데 도움을 준다는 뜻이에요.

뇌 스캔

뇌가 작동하려면 피가 공급되어야 해요.
그래서 과학자들은 뇌에 피가 흐르는 다양한 패턴을 살펴봄으로써 사람들이 어떤 일을 할 때 뇌의 어느 부분이 가장 활기차게 작동하는지 알 수 있어요.
뇌가 일하고 있을 때 피가 어떻게 흐르는지 살펴보는 방법 중 하나가
'fMRI(기능적 자기 공명 영상)' 기계로 뇌를 스캔하는 거예요.
그러면 스캐너가 그 순간에 뇌의 어느 부분이 가장 활동적인지 사진으로 보여 줘요.

뇌 스캔과 행동

뇌를 스캔해서 과학자들은 뇌의 어느 부분이 활동적인지 알 수 있어요.
하지만 이것이 기억, 감정, 생각과는 어떤 관련이 있을까요?
연구자들은 사람들이 따돌림을 당한다고 느낄 때 뇌에서 어떤 일이 일어나는지 관찰하는 실험을 했어요.

실험 참가자들은 '사이버볼'이라는 컴퓨터 게임을 했는데, 그동안 fMRI 스캔을 받았어요.
참가자들은 각각 그 게임을 다른 사람들과 함께 한다는 말을 들었지만,
사실은 그저 컴퓨터를 상대로 한 게임이었어요.

첫 번째 게임에서는
다들 공을 공평하게 주고받았어요.

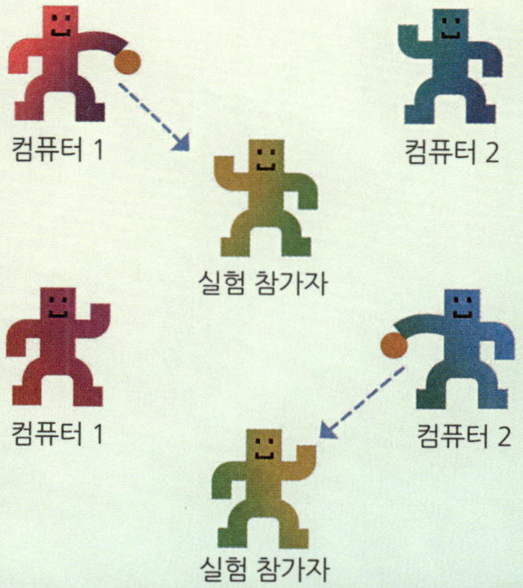

컴퓨터 1 / 컴퓨터 2 / 실험 참가자
컴퓨터 1 / 컴퓨터 2 / 실험 참가자

두 번째 게임에서는,
실험 참가자에게는 공을 주지 않고
놀이에서 따돌렸어요.

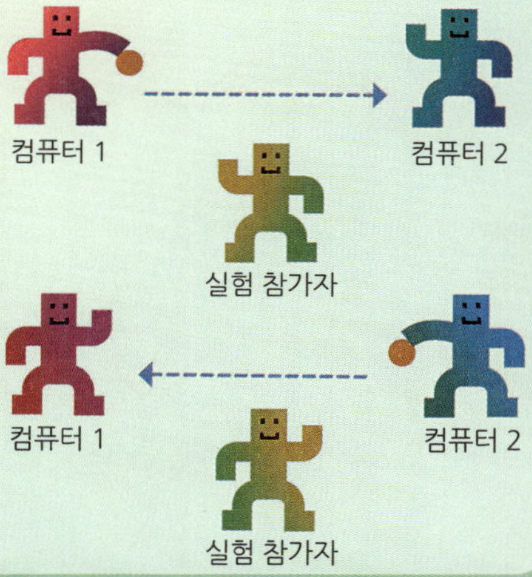

컴퓨터 1 / 컴퓨터 2 / 실험 참가자
컴퓨터 1 / 컴퓨터 2 / 실험 참가자

놀이에서 따돌림당하자, 실험 참가자의
뇌 앞부분에서 활동이 급증했어요.
이 부분은 보통 신체적인 아픔을 느낄 때
활동하지요.

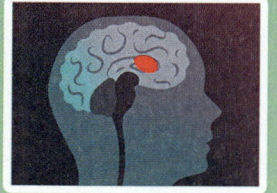

이걸 보면, 감정적인 고통도
육체적인 고통과 꽤 비슷하게
느껴지는 것 같아요.

뇌 스캔 기술이 발달하고 있지만,
아직은 매우 정확한 건 아니에요.
그래서 이 실험 결과를 완전히 확신할 수는 없어요.

동물 연구

이 세상에는 인간의 뇌 말고도, 엄청나게 많은 뇌가 있어요.
사람들은 동물을 연구해서 많은 것을 알아냈어요. 인간과 전혀 다른 동물들도 연구했지요.

인간은 몸을 통제하는 뇌가 **한 개** 있어요.

나는 통제 센터가 **아홉 개** 있어요.
뇌와 팔 여덟 개가 각각 결정을 내릴 수 있거든요.

내 눈은 사람 눈처럼 기능해요.
하지만 나는 팔로도 '볼' 수 있어요.
세포들이 빛에 반응해서, 주위 환경에 맞추어 몸 색깔을 바꿔요.

연구자들은 문어가 매우 똑똑해서 그 반응을 쉽게 예측할 수 없다는 사실을 보여 주었어요.

각각의 문어는 비둘기나 쥐와는 달리, 동일한 실험 조건에서도 저마다 다르게 반응했어요. 문어마다 성격 차이가 뚜렷하다는 뜻일 수도 있어요.

문어는 사람들이 똑같은 옷을 입고 있더라도 얼굴을 구별할 수 있어요.

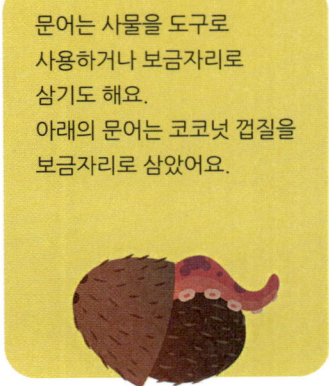

문어는 사물을 도구로 사용하거나 보금자리로 삼기도 해요.
아래의 문어는 코코넛 껍질을 보금자리로 삼았어요.

문어의 뇌를 연구한 결과, 뇌가 지능을 가지는 방법이 다양하다는 걸 알게 되었어요.

사람과 비슷한 뇌를 가진 동물

연구자들은 인간이 어떻게 행동하는지 좀 더 자세히 알아보려고 우리와 비슷한 뇌를 가진 동물들을 연구해요.
1930년대에 했던 실험에서, 연구자들은 쥐가 손잡이를 누르면 보상으로 먹이를 주어서 쥐들에게 손잡이를 누르도록 가르쳤어요.

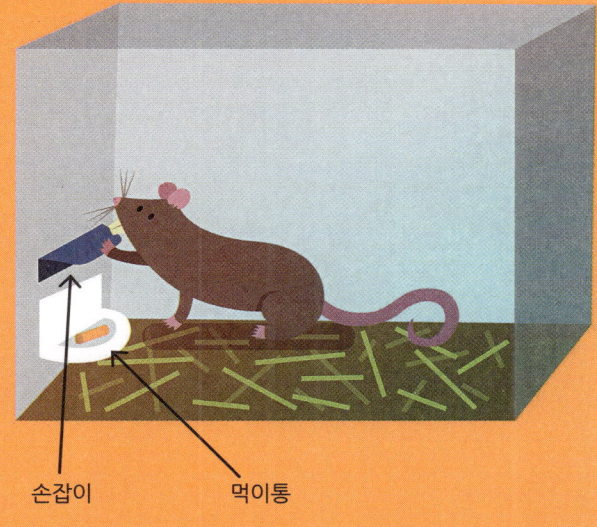

손잡이   먹이통

1 쥐들은 단순히 주변 환경을 탐색하다가 우연히 손잡이를 몇 번 누르게 되었어요.

2 곧 손잡이를 누르는 행동이 먹이를 나오게 한다는 걸 배웠어요.

3 쥐들은 손잡이를 좀 더 자주 눌렀어요.

4 이 실험을 조금 바꿔서, 쥐들이 손잡이를 누르면 전기 충격을 받게 했어요. 그러자 쥐들은 손잡이를 누르지 않는 걸 학습했어요.

실험을 여러 번 반복한 결과, 연구자들은 맛난 보상을 주는 것이 고약한 벌을 주는 것보다 쥐의 행동을 훨씬 효과적으로 바꾼다는 사실을 알았어요. 이 연구를 보고 선생님과 부모님들은 아이들의 나쁜 행동을 벌하기보다는 잘한 행동에 보상을 주는 것이 종종 더 효과적이라는 사실을 깨달았어요.

동물 실험은 올바른 일일까요?

연구자들이 동물 실험을 언제든 마음대로 할 수 있는 건 아니에요.
연구를 하기 전에 먼저 승인을 받아야 하지요. 이때 주로 다음과 같은 질문들로 평가해요.

- 좋은 실험인가요? 동물의 행동이 *인간*의 행동을 얼마나 잘 반영하나요?
- 동물이 받는 고통은 어느 정도인가요?
- 이 연구로 인간은 얼마나 혜택을 받을 수 있나요?
- 그 정도 혜택이면 동물의 고통을 정당화할 수 있을까요?

뇌가 아플 때

신체 다른 부위처럼 뇌도 아플 수 있어요. 하지만 뭔가 이상이 있을 때, 뇌에 정확히 무슨 일이 일어났기 때문인지 아직은 그 이유를 정확히 알지 못해요. 정신 질환의 예로는, 다음과 같은 것들이 있어요.

우울증은 아주 심하게 가라앉는 기분을 말해요. 우울증이 으랫동안 지속되면 삶을 끝내고 싶은 마음이 들 수도 있어요.

마음이 텅 비고, 내가 아무 쓸모도 없는 것 같아. 집 안에서 계속 누워만 있고 싶어. 기쁨을 느낄 힘이 사라져 버렸어.

고통스럽고 끔찍한 일, 흔히 **트라우마**라고 부르는 일을 겪은 사람에게는 **외상 후 스트레스 장애**가 나타날 수 있어요.

우리 집에 불이 났을 때를 떠올리면, 엄청난 공포에 사로잡혀요.

불안은 마치 위험한 일이 생긴 듯이 몹시 걱정스러워지는 기분을 말해요. 불안이 아주 오래 지속되거나 일상생활에 지장을 줄 정도가 되면 **불안 장애**라고 해요.

속이 뒤틀리고 심장이 쿵쿵 뛰어요. 금방이라도 뭔가 끔찍한 일이 일어날 것만 같아요. 다른 사람들이 늘 저를 안심시켜 주면 좋겠어요.

조현병은 환각이나 망상, 사고 장애를 보이는 정신 질환이에요. **정신증**이 있는 사람도 다른 사람에게는 보이지 않는 것을 보거나 듣고, 믿어요. 조현병의 증상 중에는 또한 감정이나 의욕이 잘 나타나지 않고, 제대로 씻거나 먹지 않는 것도 포함돼요.

분명 누군가가 나를 잡으려고 찾고 있어요. 머릿속에서 도망가, 도망가, 도망가 하고 말하는 목소리가 들려요.

양극성 기분 장애가 있는 사람은 어떤 때에는 우울증을 느껴요. 그러다가 또 다른 때에는 천하무적이라도 된 듯이 활기차고, 모험심과 자신감이 넘쳐요. 이런 증세를 **조증**이라고 해요.

내가 조증일 때는 밤을 새워 돈을 펑펑 써요. 하지만 우울증에 사로잡히면 나 자신이 끔찍하게 느껴져요.

사람들은 왜 병이 날까요?

왜 어떤 사람은 정신 질환을 앓고 다른 사람은 그러지 않는지, 정확히 아는 사람은 아무도 없어요. 하지만 여러 가지 이유가 복합적으로 작용해서 병에 걸리는 것 같아요.

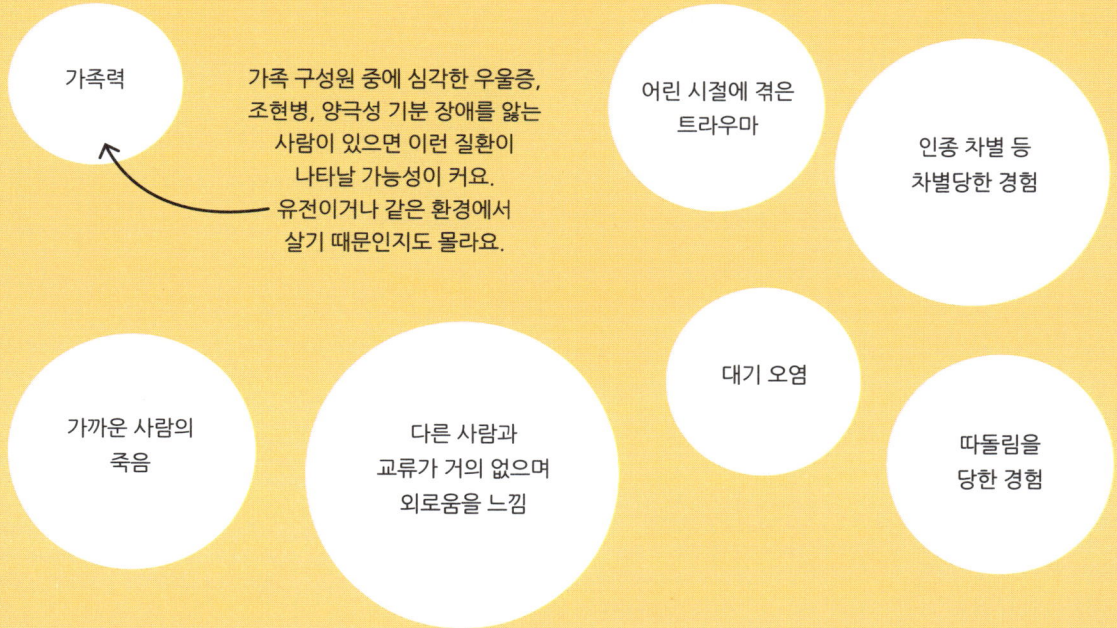

- 가족력
- 가족 구성원 중에 심각한 우울증, 조현병, 양극성 기분 장애를 앓는 사람이 있으면 이런 질환이 나타날 가능성이 커요. 유전이거나 같은 환경에서 살기 때문인지도 몰라요.
- 어린 시절에 겪은 트라우마
- 인종 차별 등 차별당한 경험
- 가까운 사람의 죽음
- 다른 사람과 교류가 거의 없으며 외로움을 느낌
- 대기 오염
- 따돌림을 당한 경험

약물 치료

이러한 질병들이 왜 생기는지 아직 완전히 밝혀내지 못했어요. 하지만 뇌의 화학 물질을 조절해서 증상을 없애는 약도 있어요. 이런 약은 *정신과 의사*가 처방해요. 이와 동시에 환자들은 심리학자를 찾아가서 **상담 치료**를 받기도 해요. 다음 쪽에서 더 알아봐요.

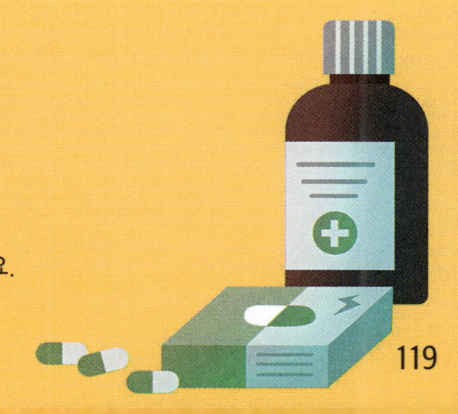

털어놓고 말하기

심리학자들은 정신 질환이 있는 사람이 건강해지도록 도와줄 수 있어요.
심리 치료를 할 때는 대화를 많이 나누므로 이를 **대화 요법**이라고도 불러요.
정신 질환이 심각할 때는 약도 함께 복용하면 효과가 더 좋아요.

치료를 받는 사람을 종종 **내담자**라고도 부르는데, 숙달된 심리 치료사는 내담자와 *따뜻하고 믿을 수 있는 관계*를 쌓아요.

치료 과정은 *안전*해야 해요.
심리 치료사는 내담자가 무슨 말을 하든, 내담자의 기분을 다치게 하지 않아요.

> 그 사람을 때리고 싶었어요.

> 당신이 얼마나 화났는지 알 것 같아요.

치료는 *체계적*으로 이루어져요.
예를 들어, 매주 같은 시간에 규칙적으로 상담하는 거지요. 삶이 아주 혼란스럽다고 느끼는 내담자들에게는 이런 방법이 도움이 될 거예요.

심리 치료사는 내담자들에게 자신의 삶에 대해서는 별로 이야기하지 않아요.
이와 같은 분명한 *경계*가 있으면 좀 더 체계적인 상담이 될 수 있어요.

> 이런 이야기를 해요.

경계선

> 이런 이야기는 하지 않아요.

심리 치료사는 내담자가 자신의 고통이나 싸움을 *새로운 관점*에서 볼 수 있게 도와요.

> 세상에, 전에는 한 번도 그렇게 생각해 본 적이 없어요.

내담자는 자신의 *트라우마*를 되돌아볼 기회를 가져요.
집에 불이 난 사건이 트라우마의 예가 될 수 있어요.

대화 요법 중에 **인지 행동 치료**가 있어요.
인지 행동 치료법은 우리가 생각하고 느끼고 행동하는 방식은 서로 영향을 끼치고,
그러다 쉽게 부정적인 순환에 빠진다는 생각에 기초를 두고 있어요.
예를 들어, 우울증이 있는 사람은 인지 행동 치료를 받기 *전에*는 다음과 같은 반응을 보일 거예요.

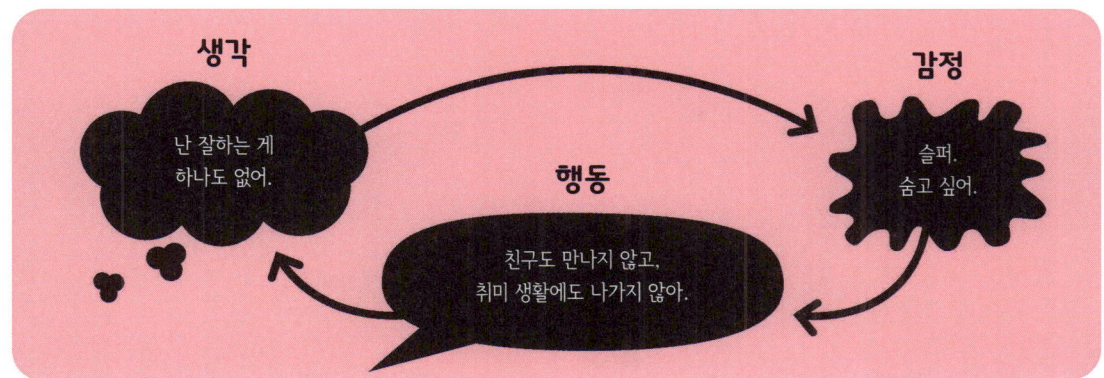

인지 행동 치료를 할 때 심리 치료사는 내담자가 부정적인 생각을 좀 더 현실적이고 균형 잡힌
생각으로 바꾸고, 기분이 나빠지는 행동보다는 기분이 좋아지는 행동을 하도록 도와요.
이렇게 해서 건강하지 않은 순환을 깨는 거예요.

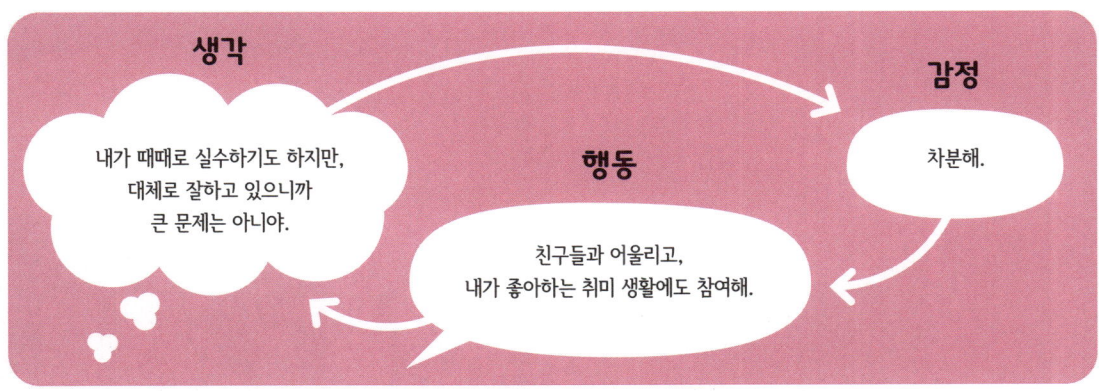

그 밖의 대화 요법

상담 치료에서 심리 치료사는 내담자의 사고방식을 바꾸려고 하지 않아요.
그보다는 내담자 스스로 자신의 과거가 현재 자신이 느끼는 방식에
어떻게 영향을 미치는지 더 잘 이해하도록 도와요.

미술 치료에서는 내담자가 이미지를 만들고
그 이미지를 치료사와 함께 보고 토론하면서 자신의 감정을 탐구해요.

놀이 치료에서는 아이들과 가족이 놀이를 하면서,
자신들의 감정을 표현하고 서로 의사소통하는 방법을 발전시켜요.

마음 돌보기

대다수 심리학자는 건강한 생활 습관을 가지면 정신 건강에도 도움이 되고, 심각한 정신 건강 문제가 생기더라도 잘 대처할 수 있다고 생각해요. 왜냐하면 우리 몸과 뇌는 아주 가깝게 연결되어 있으니까요.

휴식
나는 명상을 하며 긴장을 풀어요. 그러면 불안을 없애는 데 도움이 돼요.

잠
잠을 잘 자지 못해 인지 행동 치료를 했어요. 그랬더니 지금은 우울하다고 느낄 때가 훨씬 줄어들었어요.

식사
단 음식을 줄이고 지금은 과일과 채소를 많이 먹어요. 요즘은 공황 발작이 많이 줄었어요.

자연
숲에서 산책하는 게 양극성 기분 장애 관리에 도움이 돼요.

운동
우울증 때문에 괴로웠는데, 매일 달리기를 하면서 지금은 많이 좋아졌어요.

반려동물
나는 외상 후 스트레스 장애를 겪고 있는데, 강아지가 내 옆에 꼭 붙어 있으니 이겨 낼 수 있다는 기분이 들어요.

이렇게 생활 습관을 바꾸면 아예 문제가 발생할 가능성을 없앨 수 있으므로
정신 건강이 더 좋아질 수 있어요.

스트레스

약간의 스트레스는 어떤 일을 해내도록 동기를 주므로, 좋은 면도 있어요. 하지만 스트레스가 너무 많이 쌓이면, 우리 몸에서 스트레스에 대응하기 위해 **코르티솔**이라는 호르몬을 많이 만들어 내요. 코르티솔이 많아지면 우리 뇌에도 좋지 않아요.

다음과 같은 방법으로 코르티솔 수치를 낮출 수 있어요.

운동　　　　자연

잠

휴식　　반려동물 쓰다듬기

운동을 하거나 반려동물을 쓰다듬으면, 우리 몸에서 마음을 진정시키고 긍정적인 기분이 들게 하는 호르몬들을 만들어 내요. **도파민**이 그중 한 가지예요.

염증

염증은 우리 몸이 세균과 싸울 때 일어나는 자연스러운 반응이에요. 하지만 염증 반응이 많아지면 뇌에 해로운 화학 물질이 만들어질 수 있어요.

어떤 음식들은 염증을 증가시키지만…

…반대로 염증을 줄여 주는 음식도 있어요.

시금치

특히 뇌에 필요한 영양소가 있어요. 이런 영양소들이 있어야 뉴런이 소통하는 데 필요한 화학 물질을 만들 수 있어요.

생선에서 얻은
오메가-3 지방산

견과류

과일, 채소,
견과류에 들어 있는
비타민과 미네랄

지금은 정신 건강에 아무 문제가 없더라도, 위와 같은 생활 방식을 실천하면 좋아요.
앞으로도 심각한 정신 질환에 걸리지 않도록 *예방*할 수 있어요.

끝…?

아뇨, 끝난 게 아니에요! 아직도 인간이 어떻게 생각하고 행동하는지, 심리학자들이 잘 모르는 부분이 많아요. 어쩌면 여러분이 심리학자가 되어서 언젠가 다음과 같은 물음에 답을 찾아낼지도 모를 일이죠.

- 어떻게 하면 뇌 스캔을 더 잘할 수 있을까요?
- 자신의 성격을 고를 수 있을까요?
- 뇌가 어떻게 마음을 만들어 낼까요?
- 감옥이 사람들을 바꿀 수 있을까요?
- 우리가 편견과 편향된 생각을 어떻게 줄일 수 있을까요?
- 사람 간의 관계는 어떻게 작동할까요?

- 현실 친구가 온라인에서 만난 친구보다 더 나을까요?
- 컴퓨터를 더 똑똑하게 만들 수 있을까요? 시도해 봐도 될까요?
- 동물은 어느 정도까지 마음이 있는 걸까요?

다양한 심리학 분야

건강 심리학자
몸과 마음의 건강을 향상시키도록 사람들에게
운동을 권장하는 등 여러 가지 방법을 찾아 주어요.

광고 심리학자
고객에게 무엇이 필요하고 무엇을 원하는지
파악해서, 기업이 더 많은 상품을 팔 수 있게
도와주어요.

교육 심리학자
학습하는 데 어려움을 겪는 아이들을 연구해서
선생님들에게 아이들을 지도할 때 어떻게 하는 게
좋은지 조언해요.

노동 심리학자
사람들이 더욱 생산적으로 일하고, 자기 일에
만족감을 느끼도록 도와주어요.

법의학(범죄) 심리학자
범죄를 저지른 사람들이 정신 건강 문제를 극복할
수 있도록 도와서, 또다시 죄를 저지르지 않도록
도와주어요. 또 법정에 전문적인 증거를 제출해요.

상담 심리학자
사람들이 살면서 겪게 되는 힘든 일이나 환경에
대처할 수 있게 조언해 주어요.

스포츠 심리학자
운동선수들이 힘든 도전을 이겨 내고 경기 능력을
향상시킬 수 있도록 도와요.

신경 심리학자
뇌에 병에 생겼거나 뇌를 다친 환자들을
연구하거나 치료해요.

실험 심리학자
마음이 어떻게 작동하는지 새로운 사실을
발견하기 위해 실험이나 관찰 연구를 해요.

임상 심리학자
우울증이나 정신증 같은 정신 질환을 진단하고
치료하는 일을 해요.

정치 심리학자
사람들이 왜 특정한 방식으로 투표하는지
분석해요. 또는 선거에 출마하려는 사람들을
도와서, 시민들이 그 후보자에게 투표하도록
설득하는 일을 해요.

행동 경제학자
사람들이 왜 특정한 방식으로 돈과 시간을 쓰는지
분석해요. 정부 또는 기업이 일을 잘할 수 있게
조언해요.

낱말 풀이

다음은 이 책에 나온 주요한 단어들의 뜻을 설명한 거예요. *이탤릭체*로 쓰인 단어는 이 낱말 풀이 안에 설명되어 있는 단어라는 것을 의미해요.

가설 심리학자들이 연구를 시작하며 예측한 실험 결과.

감정 행복한 일 등, 어떤 일이 일어났을 때 몸과 *마음*에서 일어나는 반응.

규범 사람들이 특별히 의식하지 않고도 따르려는 사회 규칙.

기억 *뇌*에서 이루어지는 과정으로, 뭔가를 잊지 않게 해 줌.

뇌 머릿속에 있는 부분으로, 우리 몸을 통제하고 조절함.

뉴런 *신경*을 구성하는 세포.

대화 요법 *정신 건강*을 향상시키기 위해 전문가와 대화하는 것.

마음 나의 존재와 경험을 알고 있는 나의 일부.

무의식 자신도 모르는 자신의 생각.

발달 엄마 자궁에 있을 때부터 죽을 때까지 몸과 *마음*이 변화하는 과정.

변수 실험에서 바뀔 수 있는 요소.

설문 조사 심리학자가 사람들에게 질문하며 조사하는 연구 방식.

성격 '나'를 남과 뚜렷이 구별되게 만드는 자질들.

신경 *뇌*와 몸 사이로 메시지를 나르는 관.

신경 다양성 *뇌*는 다양한 방식으로 작동하는데, 그러한 다른 방식이 장애나 틀린 게 아니라는 생각.

애착 아기와 보호자 사이에 발달하는 유대감.

유전자 몸을 어떻게 구성할지 알려 주는 몸속 설계도.

윤리 위원회 어떤 실험이 참가자들에게 안전한지 확인하는 단체.

의식적인 생각 자신이 어떤 생각을 하는지 알고 있는 것.

인지 편향 판단 또는 결정할 때 보이는 습관적인 오류를 가리키는 말.

자아상 자기 자신을 바라보고 묘사하는 방식.

정신 건강 *감정*과 정신의 바람직한 상태.

젠더(성별) 자신을 남자로 여기는지 여자로 여기는지, 둘 다 아닌지, 둘 다인지, 둘 사이 어딘가에 있는 것으로 여기는지에 대한 감각.

지능 학습, 문제 해결, 창의력 등을 포함하는 정신적 능력.

편견 어떤 집단에 대해 공포와 분노, 혐오를 느끼게 하는 부정적인 믿음.

환경 어떻게 자랐고 어디에 사는지 등, 자신을 형성하는 외부적인 모든 것.

찾아보기

ㄱ
가설 16~18, 74
감각 5, 7, 24~28, 32, 33
감정 5, 6, 18, 42~43, 52~53, 56, 64, 65, 67, 90, 100, 105, 106, 115, 118, 121
고정 관념 104, 105
공감 56, 100, 106
규범 94~95, 102, 107
기대감 74~75, 92~93
기분 4, 10, 13~18, 50, 52~53, 90, 94, 100, 118, 119, 120, 121, 122~123
기억 4, 5, 6, 7, 16~19, 23, 27, 31, 32~39, 49, 60, 111, 114, 115
꿈 5, 11, 30, 31

ㄴ
난독증 76
내향적 65
뇌 5, 6, 10, 11, 15, 19, 24~43, 45, 46, 50, 51, 52, 56, 59, 76, 80, 81, 84~85, 86, 106, 109~119, 122, 123
뇌 손상 6, 52, 114
뇌 스캔 84, 114, 115
뉴런 24~25, 31, 33, 85, 112, 113, 123

ㄷ
대니얼 카너먼 50~51
도움 행동 100~101
동물 실험 116~117
동조 96~97

ㅁ
마음 이론 83
만족(감) 70~71
무의식 34, 56~57
문어의 뇌 116

ㅂ
발달 심리학 7, 79~87
변수 15, 19
보고서 9, 19
보상 117
복종 98~99
불안 15, 62, 67, 68, 118, 122
브렌다 밀너 32~35
비교 심리학 6, 116~117

ㅅ
사회 심리학 7, 89~107
생각 6, 45~51, 83
성격 7, 52, 59, 64~67, 86, 99
성실성 64, 67
소속감 102~103
스탠리 밀그램 98~99
스트레스 57, 65, 67, 76, 118, 122, 123
신경 11, 25, 110, 111, 112, 116
신경 과학자 6, 11
신경 다양성 76~77
신경 전달 물질 112, 114
신경과 의사 11
심리 치료사 10, 120~121
쌍둥이 87

ㅇ
아기 40, 75, 80~82
약(약물) 10, 119
양극성 기분 장애 119, 122
언어(말) 6, 23, 40~41
예측(추측) 26~27, 56, 90
외향적 65
우울증 118, 119, 121, 122
위험 13~19, 20, 21, 53
유디트 카스테야 13~20
유전자 72, 86~87
윤리 20~21, 99, 117

의식적인 생각 34, 57
인지 행동 치료 121, 122

ㅈ
자아상 68
자존감 68~69
자폐증 76
잠 30~31, 113, 114, 122, 123
장애 25, 67, 76, 114, 118, 119, 122
정신 건강 109, 118~123
정신 질환 10, 67, 76~77, 109, 114, 118~120, 123
정신과 의사 10, 119
정체성 84, 102, 103
젠더(성별) 72~75
주의 28~29, 56
주의력결핍 과잉행동 장애(ADHD) 76
지능 59~63, 85, 86, 116
집단 심리학 102~103

ㅊ
착시(착각) 26~27
치료 요법 120~121

ㅌ
통제 집단 17, 18
투렛 증후군 76
특질(특성) 64~67, 68, 104

ㅍ
판단 26, 28, 43, 45~55, 60, 91, 101, 105
편견 105~107
편향 48~49, 51, 91, 93, 106

ㅎ
해마 11, 32, 33, 35
헨리 몰레이슨 32~35, 114
호르몬 72, 113, 123

이 책을 만든 사람들

라라 브라이언,
로즈 홀, 에디 레이놀즈
글

팀 브래드포드
그림

알렉스 프리스
편집

프레야 해리슨
디자인

제인 치즘
시리즈 편집

스티븐 몬크리프
시리즈 디자인

제이크 레이놀즈, 제니 톨
감수

유디트 카스테야
자료 협조

어스본 출판사는 어스본 바로가기에서 추천하는 웹 사이트들을 규칙적으로 확인하고 있습니다. 하지만 어스본 출판사는 다른 웹 사이트의 내용에 대해서는 책임지지 않습니다. 다른 추천 사이트들을 살펴보다가 바이러스에 걸릴 경우, 어스본 출판사는 피해에 대해 법적 책임이 없습니다.

한국어판 1판 1쇄 펴냄 2022년 7월 1일
옮김 신인수 **편집** 강소희 **디자인** 황혜련 **펴낸곳** (주)비룡소인터내셔널 **전화** 02)6207-5007 **팩스** 02)515-2007
한국어판 저작권 ⓒ 2022 Usborne Publishing Limited

영문 원서 Psychology for Beginners 1판 1쇄 펴냄 2022년
글 라라 브라이언 외 **그림** 팀 브래드포드 **디자인** 프레야 해리슨 외 **감수** 제이크 레이놀즈 외
펴낸곳 Usborne Publishing Limited usborne.com
영문 원서 저작권 ⓒ 2022 Usborne Publishing Limited

이 책의 영문 원서 저작권과 한국어판 저작권은 Usborne Publishing Limited에 있습니다.
저작권법에 의하여 한국 내에서 보호를 받는 저작물이므로 무단전재와 복제를 금합니다.
어스본 이름과 풍선 로고는 Usborne Publishing Limited의 트레이드 마크입니다.

*이 책에는 네이버 나눔글꼴을 사용하였습니다.